Christhart Vorländer

Unser Kind geht in die Schule

Wie Sie Ihr Kind in den ersten Schuljahren begleiten können

oncken FAMILY Eltern & Kinder
Herausgegeben von Claudia Filker

Bildnachweis
Dietmar Reichert: Umschlagfoto, S. 16, 30 und alle Zeichnungen; Digital Stock: S. 10, 12, 14, 18, 20, 24, 32, 36, 43, 44, 46, 50, 52, 55, 58, 66, 77, 80, 86, 89, 90; Good Shoot: S. 34, 38, 40, 61, 62, 64, 68, 70, 83

Gesamtgestaltung: Dietmar Reichert, Dormagen

Druck: Uhl, Radolfzell

ISBN 3-7893-7453-9

Bestell-Nr. 627 453

Inhaltsverzeichnis

Liebe Leserin, lieber Leser,

ich nehme an, dass Sie Eltern eines Kindes sind, das in die Schule geht oder bald eingeschult wird, und dass Sie deshalb dieses Buch in die Hand nehmen.

Unser ältester Sohn wurde im August 1983 eingeschult. Ich erinnere mich noch gut an diesen besonderen Tag. Ich habe das Foto mit der Schultüte lebhaft vor Augen. Der erste Schultag des ältesten Kindes! Wir waren jetzt Eltern eines Schülers. Was ich mir damals nicht klarmachte, war, dass wir nun 20 Jahre mit Schule zu tun haben würden, dass das Thema Schule während dieser ganzen Zeit in unserer Familie eine Rolle spielen würde, denn zwei Jahre später kam unsere Tochter in die Schule und nun – im Jahr 2000 – ist unser Jüngster in der Klasse 11.

Machen Sie sich einmal klar, wie lange Sie mit Schule zu tun haben werden. Das ist wirklich ein Lebens-Abschnitt, nicht nur für Ihr Kind, sondern auch für Sie. Da macht es doch Sinn, sich ein wenig gründlicher damit zu befassen, was es eigentlich mit der Schul-Zeit auf sich hat.
Dieses Buch hat den Zweck, Sie dazu anzuregen, darüber zu informieren und dabei zu beraten.

Wir erwarten als Eltern, dass sich unsere Kinder der Schule und ihren Anforderungen stellen. Aber auch für Eltern ist es gut, wenn sie sich der Schule stellen, sich bewusst darauf einlassen, sich damit auseinander setzen und ihr Kind dadurch begleiten und unterstützen.
In diesen Jahren sind wir in der Regel als Eltern sehr beschäftigt mit Familie und Haushalt, mit Beruf und Karriere, vielleicht mit Hausbau. Viele arbeiten außerdem ehrenamtlich in der Gemeinde oder in Vereinen mit. Alle diese Bereiche fordern ihr Recht, brauchen Zeit und kosten Kraft. Und dann ist da noch die Schule, ein tägliches Gesprächsthema, aber irgendwie in unseren Alltag nicht eingeplant. Uns wäre es vielleicht recht, wenn sie einfach so nebenher laufen würde, wenn unsere Kinder locker und ohne Komplikationen zurechtkämen. Aber so ist es in den seltensten Fällen. Nein, es gibt recht häufig Probleme; eigentlich sind sie der Normalfall.
Deshalb ist es schlecht, wenn wir innerlich „sauer“ auf unsere Kinder (oder auf die Schule) reagieren, weil wir uns jetzt damit auch noch abgeben müssen: Schule ist lästig.

Wir erwarten als Eltern, dass sich unsere Kinder der Schule und ihren Anforderungen stellen. Aber auch für Eltern ist es gut, wenn sie sich der Schule stellen.

Sollten wir die Schulzeit unserer Kinder nicht bewusst klar und deutlich in unseren Lebenslauf einplanen, ein Ja dazu finden, Zeit dafür aufbringen, und uns – wenigstens einen Teil dieser Zeit – auch in der Schule engagieren?

Da ich seit über 28 Jahren Lehrer bin, sehe ich das auch noch aus einem anderen Blickwinkel, von der anderen Seite, sozusagen „von innen". Oft habe ich das Gefühl, dass Eltern sich freuen, ihre Kinder vormittags los zu sein, damit sie ungestört ihrer Hausarbeit oder ihrem Beruf nachgehen können. Viele möchten einfach ihr Kind von acht bis eins in der Schule gut aufgehoben wissen und ansonsten in Ruhe gelassen werden. Schulmitwirkung, Pflegschaftsarbeit oder -vorsitz, Vorbereitung von Veranstaltungen, Hilfe und Engagement im Schulleben, im Förderverein – das liegt oft auf den Schultern einiger weniger.

Dabei ist die Mitwirkung der Eltern ein wesentlicher Faktor für eine gute Schule.
Das Zusammenwirken mit den Eltern zum Wohle der Kinder ist für uns Lehrer unverzichtbar. Wir sind froh und dankbar für jeden, der sich mit Zeit und Liebe wie selbstverständlich einbringt. Diese Eltern tun das in der Regel nicht nur für ihre eigenen Kinder; es kommt auch den anderen zugute.
Ich würde mich freuen, wenn ich Sie in dem Entschluss, der Schule zu helfen, bestärken und unterstützen könnte.

Die Mitwirkung der Eltern ist ein wesentlicher Faktor für eine gute Schule.

Die Schul- und Bildungspolitik ist im Wandel begriffen. Fehlende Geldmittel wirken sich in vielen Bereichen negativ aus. Lehrereinstellung, Raumprogramm, Lehrmittel – alles wird seit Jahren zurückgefahren. Gleichzeitig bringen gesellschaftliche Veränderungen, ja Umwälzungen eine Infragestellung und Herausforderung der Bildungseinrichtungen mit sich, so dass noch nicht abzusehen ist, wie groß die Veränderungen in den nächsten Jahren sein werden. Ich fände es erfreulich und hilfreich, wenn viele Eltern sich dabei einmischen und mitreden würden.

Für dieses Buch muss ich zwei Einschränkungen nennen, die mit meiner eigenen begrenzten Sicht zu tun haben.
Zunächst: Ich befasse mich nicht mit Schule überhaupt, sondern im Wesentlichen mit der Grundschule, denn sie ist mein eigener Erfahrungsraum, darüber hinaus nur ansatzweise mit der Sekundarstufe.

Zweitens: Da Schule und Bildung in erster Linie Angelegenheiten der Bundesländer sind, ist es hier nicht möglich, konkret darzustellen, wie die Regelungen in den einzelnen Ländern sind. Bei Fallbeispielen muss ich mich auf Nordrhein-Westfalen beschränken, das Land, in dem ich selbst Lehrer bin. Allerdings werden die meisten Themen in ähnlicher Weise und mit ähnlichen Tendenzen auch in den anderen Bundesländern diskutiert und geregelt.

Wenn ich im Folgenden von Lehrern und Schülern spreche, so meine ich immer auch Lehrerinnen und Schülerinnen. Leider gibt es keine Worte, die beides einschließen – wie etwa die Worte „Eltern“ und „Kinder“. Aber so ist es gemeint; ich gebrauche die Worte nicht geschlechtsspezifisch.

Ich möchte im ersten Teil des Buches aus meiner Sicht darstellen, wie wir Schule heute erleben – ein ganz und gar nicht einheitliches Bild: Die Schule als „Haus des Lernens“ und als „Bildungsanstalt“, als Stätte der „Pluralisierung“ und als „Chance für neue Horizonte“. Jedes Kapitel schließt mit einigen praktischen Hinweisen und Anregungen. Sie werden diese Beobachtungen und Gedanken mit eigenem Erleben füllen können.
Im zweiten Teil betrachten wir die Schule aus der Sicht der Familie: Schule als Familienthema. Es geht um die Einschulung, um die Lehrer, den Unterrichtsstoff, um Schulprobleme, Hausaufgaben und Schullaufbahn. Auch hier möchte ich Ihnen am Ende eines jeden Kapitels einige Tipps oder Denkanstöße geben.
Im dritten Teil geht es dann um Fragen der Erziehung und der Familie des Schülers. Da ich immer wieder Lernstörungen und Problemkindern begegne, nenne ich zahlreiche Hilfsangebote.
Im Anhang finden Sie Adressen, an die Sie sich bei Fragen und Problemen wenden können.

Und nun lade ich Sie ein zu einem gemeinsamen Gang durch Schule und Schulzeit.

Teil 1

Wie wir Schule heute erleben

Die Schule –

Haus des Lebens und Lernens für Kinder

Kommen Sie mit, wir betreten eine Schule. Eine Grundschule in unserer Zeit. Sie wirkt auf uns bunt und lebendig, fast kindergarten-ähnlich. Die Eingangshalle und die Flure sind bunt, dort sind Schülerarbeiten ausgestellt, hier prangen die Ergebnisse einer Projektwoche, die Decken sind jahreszeitlich dekoriert, an den Türen befinden sich Klassenfotos und bunte Bild-Symbole. Dort ist die Tigerenten-Klasse und dort die Bären-Klasse. Wir sehen Kleiderhaken, Schuh-Regale und zwischendrin Sitzgruppen. Klassentüren stehen offen. Kinder arbeiten im Klassenraum und in kleinen Gruppen im Flurbereich vor der Klasse. Aus der Schulküche dringt Pizzageruch, und auf unserem Weg begegnen uns Kinder, die gerade aus der Schülerbücherei kommen, ihr neu ausgeliehenes Buch unterm Arm.
So sieht sie aus, die Schule der Gegenwart, ein Haus des Lernens und des Lebens, ein Haus für Kinder. Von und mit Kindern gestaltet, voller Ideen und Anregungen, voller Lebendigkeit.

Würden wir jetzt in eine andere Schule hineingehen, so würden wir feststellen: Hier sieht alles ganz anders aus, und doch finden wir auch hier diese Vielgestaltigkeit, dieses Klima eines Kinder-Hauses. Die Schüler bewegen sich offenbar frei und natürlich in ihrem Lebensraum. Schauen wir in die Klassen, so sehen wir, dass auch sie kinderfreundlich und anregungsreich gestaltet sind.

Schule soll auch ein Raum für Begegnungen, für gegenseitige Wertschätzung und Verantwortung sein .

Schule als Haus des Lebens und Lernens – ist das eine Mode oder ist das die Konzeption der Schule? Betrifft es nur den Primarbereich oder auch die weiterführenden Schulen?

> **„Schule kann ihren Auftrag, selbstverantwortlich und eigentätig gestaltete Bildungsprozesse von Schülerinnen und Schülern zu ermöglichen, zu initiieren und zu fördern, nur wirksam erfüllen, wenn sie sich als ein Haus des Lernens entwickeln kann, das auf die besonderen Bedürfnisse seiner Schüler ausgerichtet ist …"**
>
> *Bildungskommission NRW*[1]

Das „Haus des Lernens" ist ein Lern- und Lebensraum, wohin Kinder und Jugendliche gerne gehen sollen, in dem sie Erfahrungen machen, Erkenntnisse und Kenntnisse sammeln. Schule soll auch ein Raum sein für Begegnungen, für gegenseitige Wertschätzung und Verantwortung. Wenn Kinder die Hälfte des Tages in der Schule verbringen, dann dürfen sie nicht nur Klassen als Unterrichtsräume vorfinden, dann muss dieser Lebensraum für sie und mit ihnen gestaltet werden. Schulleistung und Schulleben gehören zusammen. Wenigstens in der Primarstufe wird das so gesehen. Aber auch weiterführende Schulen ändern zögernd ihr Gesicht. Zwar sind die Klassen meist noch reine Lernräume, aber Ausstellungen, Arbeitsgemeinschaften, Musik, Tanz, Theater und Projekte bereichern das Schulleben, und fast überall findet man einen Kiosk oder ein Schul-Bistro.

Zur Zeit meines Studiums war „Schulleben" noch ein Thema, das zwar bei den Reformpädagogen vorkam, in der „normalen" Schule aber keine große Rolle spielte. Mir selbst war es jedoch von Anfang an sehr wichtig. Ich habe Schule nie als Lernanstalt, sondern immer als Lebensraum gesehen. Lebensraum ist sie in jedem Fall; es liegt nur an den Verantwortlichen, ob sie ein guter, förderlicher Lebensraum oder ein ungeborgener, ungemütlicher und schädigender Lebensraum ist. Ich merkte aber auch bald, dass es sehr viel Kraft und Zeit und immer neue Ideen und neues Engagement kostet, ein gutes Schulleben zu gestalten und zu pflegen. Ich habe immer Kollegen und Kolleginnen, aber auch Familien, Eltern und Kinder gefunden, die mir darin Helfer und Partner waren. Ohne solche Partner ist es nicht möglich, Jahr für Jahr neu in dieses Gemeinwesen zu investieren, denn nichts, was einmal erreicht wurde, hat Bestand, alles muss neu angestrebt, neu errungen werden.

Ein gutes und anregendes Schulleben entsteht also nicht von selbst. Es muss gestaltet werden. Die Gestaltung der Räumlichkeiten ist nur eine Seite dieser Aufgabe. Auch das Miteinander muss gestaltet werden. Welche Regeln und Vereinbarungen sollen gelten, wie werden sie begründet und wie ordnen sie das Zusammenleben? Was geschieht, wenn Störungen im Miteinander auftreten, wenn Streit und Konflikte entstehen? Wie kann man lernen, Probleme zu lösen und friedlich zusammenzuleben? Welche Möglichkeiten gibt es, um mit Personen und Institutionen außerhalb der Schule zusammenzukommen und „außerschulisch" zu lernen?

> **„Wenn überhaupt eine neue Qualität des schulischen Lernens erreicht werden soll, so geht dies nur über eine fächerübergreifende Öffnung nach innen und eine schulraumübergreifende Öffnung nach außen."**
>
> *Landesinstitut für Schule und Weiterbildung*[2]

Einige Ideen, Initiativen und Programme möchte ich kurz nennen:

Unterricht:
Schüler erhalten vielfältige Anregungen und Lernerfahrungen in herkömmlichen und in offenen Unterrichts- und Arbeitsformen wie Projektarbeit, Stationenlernen, Lernwerkstätten und freier Arbeit.

Miteinander:
Streit und Konflikte sollen nicht in Hass und körperliche Gewalt umschlagen. Schüler können in Mediation (gewaltfreie Konfliktlösung) und Streitschlichtung lernen, wie man Probleme konstruktiv lösen kann. Schüler können selbst als „Streitschlichter“ oder „Konfliktlotsen“ ausgebildet und tätig werden.

Schulleben:
Schulen planen, wie sie sich öffnen können und wie sie ihr Schulleben gestalten können. Sie regen sich dazu gegenseitig an und tauschen sich darüber aus. In NRW heißt dieses Programm GÖS (Gestaltung des Schullebens und Öffnung von Schule).

Förderung:
Kinder mit besonderen Lernschwierigkeiten und Behinderungen können durch Sonderschullehrer in Regelschulen im „Gemeinsamen Unterricht“ sonderpädagogisch gefördert werden, wenn der Förderbedarf in einem offiziellen Verfahren festgestellt wurde.

Betreuung:
Vor Beginn des Unterrichts und nach dem Unterricht werden in vielen Schulen die Kinder gegen ein Entgelt bis mittags betreut. Das ist besonders wichtig für Alleinerziehende und wenn beide Elternteile vormittags berufstätig sind.

In fast all diesen Bereichen sind die Schulen auf die Mitwirkung außerschulischer Partner angewiesen. Denn es ist für die Lehrer kaum möglich, neben den Belastungen des normalen Unterrichts und allen Erziehungsaufgaben sich intensiv um alle diese Belange zu kümmern. Daher kommt besonders der Elternmitwirkung eine große Bedeutung zu.

Hinweise und Anregungen:

❑ Schauen Sie sich in der Schule Ihres Kindes um. Gehen Sie nicht achtlos an dem vorbei, was man dort gestaltet hat. Sprechen Sie mit den Lehrerinnen und Lehrern, aber auch mit den Kindern über das, was Sie sehen.

❑ Können Sie etwas zur Gestaltung des Schullebens beitragen? Können Sie mithelfen? Fragen Sie die Lehrer, ob Ihre Hilfe oder Mitarbeit erwünscht ist. Auch wenn es Ihnen nur eine Stunde pro Woche möglich ist, bieten Sie Ihre Hilfe an
- beim Basteln von Arbeitsmaterial,
- als Helfer im Schwimmunterricht,
- in der Schülerbücherei,
- als „Lesemutter“, die mit Kindern übt,
- durch handwerkliche Hilfe,
- durch Mithilfe bei Projekten
- oder als Helfer bei einer Koch-AG in der Schulküche.

❑ Gibt es einen Förderverein? Dort wird man sich freuen, wenn Sie nicht nur Ihren Beitrag entrichten, sondern eine Zeit lang mitarbeiten wollen. Gerade Fördervereine haben große Möglichkeiten, die Schule lebens- und liebenswert mitzugestalten.

❑ Vielleicht können Sie die Brücke schlagen zu einer anderen Einrichtung, einem Verein, einer Kirchengemeinde? Bringen Sie Ihre „Connections“ ein; es wird der Schule gut tun und den Unterricht auffrischen.

❑ Gemeinsame Veranstaltungen, Feste und Schulgottesdienste bringen viel Vor- und Nachbereitung mit sich. Können Sie sich hin und wieder dafür zur Verfügung stellen?

Wir beobachten, dass unsere Schüler den mitwirkenden Eltern fröhlich und dankbar begegnen, dass sie an manchen erwachsenen „Helfern“ geradezu hängen und dass diese an ihrer Mitarbeit zunehmend Freude gewinnen.

Die Schule –

lebensfremde Institution der Stoff- und Wissensvermittlung

Ich bin mir bewusst, dass ich jetzt ein Schulbild gezeichnet habe, das mancher mit seinen Beobachtungen und Erfahrungen nicht in Einklang bringen kann. Denn es gibt ja ganz andere Themen, die die Öffentlichkeit im Hinblick auf Schule bewegen und mit Sorge erfüllen. Wie viel Ärger, Aggression und Entmutigung, wie viel Streit, Randale und Gewalt, wie viel Beschädigung und Zerstörung bis zum Vandalismus gibt es an unseren Schulen! Wie viel Hilflosigkeit bei Bildungspolitikern, Ratlosigkeit bei Schulleitungen und Resignation bei den Lehrern!

Mancher sieht sich bei Gelegenheit gern alte Schul-Filme an, sei es „Die Feuerzangenbowle", „Unsere Pauker gehen in die Luft" oder Ähnliches. An diesen Schulen oder „Pennen" gab es Ordnung, Autorität, Respekt, Disziplin. Lehrer waren „Pauker", der Hausmeister ein „Faktotum", die „Korridore" glänzten vom Bohnerwachs, die „Bänke" in den Klassen standen in Reih und Glied, der Lehrer dozierte vom „Katheder" aus. Natürlich wurden jede Menge Streiche ausgeheckt. Besonders im Film gelang es, die Schulordnung ideenreich zu unterlaufen, und die größten „Lausbuben" und „Flegel" waren die Helden. Aber wenn auch einzelne Lehrer ihren Schülern wirkliche Freunde waren, die ihnen bei Selbstfindung und Reifung entscheidend halfen

Lehrer waren „Pauker", der Hausmeister ein „Faktotum", die „Korridore" glänzten vom Bohnerwachs, die „Bänke" in den Klassen standen in Reih und Glied, der Lehrer dozierte vom „Katheder" aus.

– wie Dr. Bökh in Kästners „Fliegendem Klassenzimmer" –, so waren doch der Lehrplan, der Klassenraum, die Schule selbst völlig lebensfremde Lernorte.

Nur ganz allmählich und viel zu zögerlich begann ein Umdenken, ein Wandel in den weiterführenden Schulen. Währenddessen wuchsen aber die Schülerzahlen und mit ihnen die Problembereiche stetig an. Lange Zeit sah es so aus, als seien große Schulzentren, vielzügige „Riesenschulen" der Weg für die Zukunft. Es wurde gebaut, in Beton und Waschbeton. Schülermassen wurden hier zusammengepfercht, im ländlichen Bereich mit einer Flotte von Bussen zusammengekarrt, und nur ganz allmählich sah man, dass sich in der Masse Anonymität, Angst und Einsamkeit breitmachten. Denn Kurs- und Differenzierungsmöglichkeiten der großen Schulen können auch bedeuten, dass menschliche Wärme, dass vertrauensvolle Beziehungen und übersichtliche Strukturen auf der Strecke bleiben. Immer noch beobachtet man vor und nach der Schulzeit die Schülerströme – wie Herden, „die keine Hirten haben", wie es in der Bibel heißt.

Der Erziehungswissenschaftler Peter Struck fordert in seinem Buch „Neue Lehrer braucht das Land" darum eine „Klassenlehrerpädagogik", in der die Klassenlehrer etwa 14 Wochenstunden in ihrer Klasse unterrichten und so Freunde bzw. Vertrauenspersonen ihrer Schüler werden können. „Immer mehr Schüler benötigen in der Schule eine auch familienersetzende Bezugsperson, und die kann eigentlich nur der Klassenlehrer sein ... Das meiste, was ein Klassenlehrer braucht, ist aber nicht erlernbar: Liebe zum Kind, Engagement, pädagogisches Charisma und Zeit für die Schüler haben."[3] Genau dieser Gesichtspunkt, dass nämlich die Schüler Orientierung und persönliche Beziehung brauchen, wird in der Sekundarstufe überhaupt nicht beachtet. Also müssen sich viele Kinder in der modernen Schulwildnis selbst durchschlagen.

Das meiste, was ein Klassenlehrer braucht, ist nicht erlernbar: Liebe zum Kind, Engagement, pädagogisches Charisma und Zeit für die Schüler.

Natürlich weiß man, dass diese Kinder und Jugendlichen durch die „soziale Umweltzerstörung" (U. Bronfenbrenner) wie zerrüttete Familien, Berufsstress der Eltern, Medienkonsum und Reizüberflutung denkbar schlechte Verhaltens- und Lernvoraussetzungen haben. Die Schulausstattung, die Unterrichtsmethoden, die Stoffpläne, die Lehrerausbildung – all das hat sich aber nicht wesentlich geändert. Wenn Mittelstufenschüler – in der zweiten Phase der Pubertät – im Deutschunterricht Schillers „Kabale und Liebe" lesen und interpretieren müssen, ist das nur ein Beispiel dafür, wie lebensfremd vieles ist, was in der Schule absolviert werden muss. Nicht der ganze Mensch ist gefragt, sondern sein Kopf, sein Intellekt, sein Fleiß, seine Leistung. Und – das große Problem: Schüler erleben das, was sie lernen, als nicht bedeutsam für ihr Leben. Denn gerade in den Bereichen, die sie interessieren oder in denen sie Defizite haben, bietet die Schule wenig an.

> **Die Schule existiert, und fast jeder muss hineingehen.**
> **Und sie wird sich gar nicht oder kaum verändern.**
> **Sie ist vollkommen bedeutungslos für das Leben der Kinder ...**
> *James Herndon*[4]

Das ist ein sehr negatives, resignierendes Urteil. Und doch hat man vielleicht viele Jahre lang mit so einer Schule zu tun und hört jeden Mittag, wie doof es in dieser Schule ist. Man wird miterleben, dass es in der Schule an Wesentlichem fehlt:

- Es fehlt an der Berücksichtigung der sozialen und psychologischen Bedingungen bei den Schülern,
- es fehlt an der Faszination dessen, was gelernt werden soll,

- es fehlt weitgehend an Lehrerpersönlichkeiten, die Vorbilder sind und ihren Beruf mit Freude ausüben.

So wird Schule zu einer Arbeitsstelle, zu der man eine negative Grundhaltung aufbaut.

Was ist zu tun? Bleibt wirklich nur noch die Möglichkeit, die Schule irgendwie zu überleben?

Hinweise und Anregungen:

❑ Versuchen Sie, die Schule ihres Kindes kennen zu lernen. Schulfeste, Projektwochen, Elternsprechtage, Theateraufführungen und Schülerkonzerte sind gute Möglichkeiten. Und natürlich die oft so kläglichen Klassenpflegschaftsversammlungen. Versuchen Sie, mit einigen Eltern und Lehrern ins Gespräch zu kommen. Für Lehrer ist es oft schon hilfreich, „hinter" dem Schüler, den sie nur in ihren Fachstunden sehen und erleben, lebendige, aufgeschlossene, interessierte Eltern kennen zu lernen.

❑ Wenn Sie das äußere Erscheinungsbild Ihrer Schule stört, suchen Sie in der Pflegschaft nach Mitstreitern, die bei einer Aktion helfen, und bieten Sie der Schulleitung Ihre Hilfe an. Oft stellt der Schulträger (Stadt oder Gemeinde) die Materialkosten, wenn Sie mit einigen einsatzwilligen Eltern eine Wand bemalen, eine Schulhofecke bepflanzen oder irgendetwas tun wollen, was die Lebensqualität an der Schule ein wenig verbessert.

- ❑ Ein Gespräch mit einer Lehrerin oder einem Lehrer, wenn Ihr Kind gerade an Problemen „zu knacken" hat, kann äußerst wichtig und hilfreich sein. Lassen Sie sich einen Termin geben. Sie lernen die Lehrperson ein wenig kennen, von der Ihr Kind so oft spricht. Das Kind sollte möglichst bei dem Gespräch dabei sein, manchmal kommt man dann wirklich zu einem Gesprächsergebnis, das Ausgangspunkt für ein neues Lehrer-Schüler-Verhältnis ist.

- ❑ Vielleicht interessieren Sie sich für ein Schulfach der weiterführenden Schule besonders, sind durch Ihren Beruf oder durch die eigene Schulzeit noch irgendwie „drin". Melden Sie sich an der Schule, um als Elternvertreter an den Fachschaften/Fachkonferenzen teilzunehmen. Da werden auch die Stoffpläne diskutiert und festgelegt. Wahrscheinlich wird man sich über Ihr Interesse freuen und Sie mit offenen Armen empfangen.

- ❑ Versuchen Sie, die Schule ein wenig als Ihre Schule anzusehen. Ein wenig Wir-Gefühl tut der Schule so gut! Setzen Sie Ihr Kind, aber auch den Lehrer nicht mit Drohungen unter Druck, sondern suchen Sie immer nach gemeinsamen praktikablen Lösungen und Kompromissen. Mit Konfrontation und „Krieg" ist selten etwas zu erreichen.

Natürlich werden Sie die Schule dadurch nicht wesentlich verbessern oder gar reformieren können. Aber Sie stärken das – meist kleine – Häuflein derjenigen, die durch ihre Gaben und Möglichkeiten ein wenig mithelfen, den täglichen Lernort ihrer Kinder ein wenig lebenswerter zu machen.

Die Schule –

gesellschaftlicher Schmelztiegel verschiedenster Einflüsse

Wenn unsere Kinder in die Schule gehen, müssen wir sie weitgehend aus der Hand geben und der Schule überlassen.
In der Familie konnten in erster Linie wir unsere Kinder beeinflussen, erziehen und prägen. Sicher gab es schon „geheime Miterzieher“: die Geschwister, die Großeltern, die Medien. Aber jetzt werden sie konfrontiert mit einer beispiellosen Mischung aus gesellschaftlichen Gruppen, mit unterschiedlichen Werten und Lebensstilen und allem, was damit zusammenhängt.

In der Schule – besonders in der Grundschule – ist die Pluralität unserer heutigen Gesellschaft besonders ausgeprägt und konzentriert. Das fällt mir in jedem Jahr besonders auf, wenn die Eltern ihre Kinder zur Schuluntersuchung bringen und in der Schule anmelden. Wir nehmen uns für jedes Kind und seine Eltern eine Viertelstunde Zeit zum ersten Kennenlernen. Wie unterschiedlich sind diese Menschen! Ihr Äußeres, ihre Kleidung, ihre Sprache, ihre Interessen, ihre Vorstellungen von Familie oder Schule, ihr Umgang miteinander, ihre eigenen Schulerfahrungen, ihr Bildungsniveau, ihre Nationalität oder religiöse Zugehörigkeit, ihr sozialer Status. Kinder aus so unterschiedlichen Lebensräumen kommen nun zusammen, um jahrelang Tag für Tag zusammen in einem Klassenraum den gleichen Unterricht, das gleiche Schulprogramm zu erleben und zu einer Gemeinschaft zu werden.

In der Schule werden Kinder mit einer beispiellosen Mischung aus gesellschaftlichen Gruppen, mit unterschiedlichen Werten und Lebensstilen und allem, was damit zusammenhängt, konfrontiert.

Sie werden in den meisten Schulen Teil einer internationalen, multikulturellen, interreligiösen, pluralen Kinder-Gesellschaft.

Vorbei ist die Zeit, wo wir im Unterricht einfach vom Zuhause und der Familie sprechen konnten. An diesen Grundgegebenheiten haben längst nicht mehr alle Kinder Anteil. „Kinder sind sich heute ihrer Eltern nicht mehr sicher“ (Otto Herz).
„Man rechnet damit, dass heute nur noch etwa die Hälfte aller Kinder und Jugendlichen in einer Familie im herkömmlichen Verständnis aufwachsen.“[5]
Jeder Mensch, besonders jedes Kind, ist angewiesen auf Nähe und Zuwendung, auf Beziehung und Gemeinschaft, um leben zu können. Es liegt nicht an der schlechten Schule, sondern an den schlimmen gesellschaftlichen und familiären Bedingungen, wenn die Probleme auch in der Schule zunehmen. Die sozialen Beziehungen werden belastet, manipuliert, zerstört, und das hat weitreichende negative Rückwirkungen auf die gesunde Entwicklung und auf das Leben des Menschen.

Die Kinder, die miteinander die Schule besuchen, sind zum großen Teil bereits Opfer der „sozialen Umweltzerstörung“.
„Wir sind dabei, das soziale Gefüge zu zerstören, das die Möglichkeiten gemeinsamen Lebens und Arbeitens schützt, stützt, pflegt, und das uns ermöglicht, unsere Kinder zu kompetenten und hilfreichen Mitgliedern unserer Gesellschaft zu erziehen.“[6]

Kinder werden in den meisten Schulen Teil einer internationalen, multikulturellen, interreligiösen, pluralen Kinder-Gesellschaft.

Kein Wunder, dass man überall hört, eine neue „Werteerziehung“ in der Schule sei nötig.
Werte sollen den Kindern vermittelt werden, damit sie Orientierung und Verantwortung lernen.
Aber welche Werte?

„In politischen Reden wird seit Jahren immer wieder der Werteverlust beklagt, in den Bildungsprogrammen der Parteien wird mehr Werteerziehung gefordert. An welche Normen dabei gedacht wird, wird aber nicht konkretisiert. Hier fehlt den Mahnern offensichtlich selbst ein Orientierungsmaßstab.“[7]
In einer pluralistischen, offenen Gesellschaft zu leben und gleichzeitig zu hoffen, man könne – zumindest für die Schule – eine Übereinstimmung in den wichtigsten Werten bekommen, halte ich für illusorisch. Wir sind ja noch nicht einmal in der Lage, die Grundwer-

te, auf der unsere Verfassung, unsere Gesellschaftsordnung aufgebaut ist, aufrechtzuerhalten und zu vermitteln. Die prägende Kraft des christlichen Glaubens ist verloren gegangen. Die Frage nach dem, was Gott will, wird nicht mehr gestellt, und auch die ethischen Grundsätze aus einer humanistischen Tradition sind dahin.
Was können wir tun, damit unsere Kinder in diesem „Wildall“[8] keinen Schaden erleiden?

Hinweise und Anregungen:

- ❑ Wir müssen unsere Kinder lehren, ihre Beobachtungen und Gefühle wahrzunehmen, ernst zu nehmen und auszuwerten. Wenn die Kinder ihre Sympathie oder Antipathie einzelnen Lehrern gegenüber äußern, wenn sie von Mitschülern erzählen oder von schwierigen Situationen im Unterricht, in der Klassengemeinschaft oder im Schulleben, sollten wir die Aussagen nicht abschwächend, ironisch oder besserwisserisch abwehren. Die Kinder müssen lernen, ihr eigenes Urteil zu fällen.

- ❑ Wir müssen unsere Kinder darin unterstützen, deutlich Ja und Nein zu sagen. Sie dürfen nicht dazu erzogen werden, angepasst und unauffällig zu sein. Dann werden sie anfällig für alle Einflüsse. Auch zu Hause müssen sie ihre Meinung sagen, ihre Stimmung zum Ausdruck bringen und sich für oder gegen etwas entscheiden dürfen. Sie brauchen in erster Linie unser Vertrauen, unsere Ermutigung und Stärkung. Wir müssen lernen, unsere Kinder stark zu machen.

- ❑ Wir müssen uns Zeit nehmen, unseren Kindern zuzuhören, sie richtig zu verstehen, mit ihnen ehrlich zu diskutieren und Anteil zu nehmen an ihren Freuden, Interessen und Erfolgen, aber genauso an ihrem Frust, ihren Sorgen und Ängsten. Dabei dürfen wir auch unsere eigenen Erfahrungen, Probleme, Ängste und Sorgen nicht verschweigen.

- ❑ Es gibt noch sehr viele Lehrer, die in wesentlichen Wertefragen und Erziehungsmaßstäben mit uns übereinstimmen. Sie fühlen sich bestätigt und ermutigt, wenn wir uns im Gespräch mit ihnen über diese Fragen austauschen. Oft haben Lehrer das Gefühl, sie kämpften allein, auf verlorenem Posten und vergeblich gegen die Windmühlenflügel des Zeitgeistes.

Die Schule –

Stätte des Wandels und der Reformen

Die Schule muss sich ständig verändern.

- Sie muss reagieren auf neue Ergebnisse der pädagogischen und lernpsychologischen Forschung.
- Sie muss reagieren auf die Veränderungen, Defizite und neuen Anforderungen der gesellschaftlichen Umwelt.
- Sie muss reagieren auf die Vorgaben der Politik.
- Sie muss vorbereiten auf die Zukunft.
- Sie muss pädagogische Irrtümer, veraltete Methoden und erstarrte Regelungen entlarven und über Bord werfen.

Deshalb ist die Schule eine Institution, auf die sich die Veränderungen in der Gesellschaft besonders gravierend auswirken, die aber auch Weichen stellt und vorbereitet auf die Herausforderungen der Zukunft.

Damit das möglich ist, muss die Schule eine Stätte sein, die offen ist für Wandel, für Veränderung, für Reformen. Sonst kann man nicht zu neuen Ufern aufbrechen.

Die Schule soll bilden, erziehen, qualifizieren, therapieren und kompensieren und alles wieder gut machen, was durch viele problematische und negative Einflüsse unserer Zeit gefährdet und verloren ist.

Zwar stöhnen wir Lehrer (und auch viele Eltern) über die ständigen Neuerungen, Moden und kurzlebigen Regelungen in der Schule. Das liegt aber meist daran, dass Schul- und Bildungspolitiker sowie die ihnen unterstehenden Institute und Behörden die Schule mit unausgegorenen und nicht ausreichend geprüften Neuerungen „beglücken", die oft nach einiger Zeit wieder geändert werden müssen oder von selbst im Sande verlaufen. Vielleicht erwartet man in der Öffentlichkeit insgesamt zu viel von der Schule: Sie soll bilden, erziehen, qualifizieren, therapieren und kompensieren und alles wieder gutmachen, was durch viele problematische und negative Einflüsse unserer Zeit gefährdet und verloren ist. Besonders ungünstig wirkt sich aus, dass für die notwendigen und sinnvollen Erneuerungen einfach die personellen, räumlichen und finanziellen Voraussetzungen fehlen.

Wenn die angemessene Förderung aller Kinder, wenn die Hilfe für schwierige Kinder, wenn der gemeinsame Unterricht und die Integration von behinderten und nicht-behinderten Kindern gelingen soll, wäre es nötig, kleine Klassen zu haben und die häufige Präsenz eines Sonderschullehrers. In Wirklichkeit aber sind Klassen mit 30 Kindern keine Seltenheit, und der Sonderschullehrer steht drei Stunden pro Woche zur Verfügung. Reformen ohne die notwendigen Mittel und Investitionen können nur enttäuschend und erfolglos sein.
Dennoch ist die sich wandelnde Schule auch eine große Chance für Lehrer, Schüler und Eltern, besonders da, wo dieser Veränderungsprozess durch die Mitwirkungsorgane beeinflusst und mitgestaltet werden kann.

Unsere Kultur, unsere Bildungsinhalte, unser Wertesystem, unser Grundgesetz sind wesentlich mitgeprägt durch christliche Glaubensüberzeugungen. In dem Maße, wie dieser Glaube in der Öffentlichkeit unbekannt und fremd wird, wachsen die Probleme um Fragen der Menschenwürde, der Moral, der Verantwortung, des Lebenssinns. Dieser Prozess verschont natürlich nicht Schule und Bildungspolitik. Aber in dem Maße, wie neu nach Sinn, nach Orientierung, nach Werten, ja nach einer lebenswerten Zukunft gefragt wird, ist es die Verantwortung und die Chance der Christen, ihre Überzeugung deutlich zu formulieren und einzubringen. Erfahrungen von Erlösung und Befreiung, Vertrauen und Hoffnung, Vergebung und Versöhnung sind Chancen für gelingendes Leben und sinnvolles menschliches Miteinander. Friede, Gerechtigkeit und Bewahrung der Schöpfung sind

Fundamente für das Überleben der Menschheit. Sollten wir uns damit zufrieden geben, dass diese Themen im Religionsunterricht diskutiert werden? Liegt nicht gerade in ihnen die Antwort auf viele Fragen der Gegenwart und die Kraft zu neuem Aufbruch?

Wenn alle rettenden Entscheidungen uneinholbar versäumt sind, woher sollen Schulpolitiker, Lehrer und Schüler irgendeine Zuversicht nehmen, dass sich das noch ändern lässt?

In der Lehre und in der Liebe Jesu Christi jedoch ist solche Zuversicht begründet. Wer sich darauf einlässt, wird es erfahren. „Wer dies nur gehört hat, dem bringt es nichts. Wer es wenigstens versucht hat, kennt die Hoffnung. Wer es getan hat, weiß, dass es stimmt.“[9]

- Können Sie das Gespräch mit anderen Eltern oder auch mit Lehrern suchen, die dem christlichen Glauben gegenüber aufgeschlossen oder sogar überzeugte Christen sind? Können Sie sich darüber austauschen, was in der Schulentwicklung zu begrüßen und zu unterstützen ist? Können Sie bei der Schulentwicklung (z.B. Schulprogramm) etwas von Ihrer Überzeugung einbringen?
- Können Sie mit Ihrem Kind über die Gefahren und Chancen der Schule und der Schulentwicklung sprechen? Auch das Erzählen von früher gehört dazu und ebenso die Überlegung, wie die Zukunft aussehen könnte oder sollte.
- Eine große Möglichkeit für Christen ist die Fürbitte. Beten Sie persönlich oder in Ihrer Gemeinde für die Schule und die Lehrer?
- Sind auch Sie versucht, einzustimmen in das große Lied, das nach der Melodie „Alles wird immer schlechter“ gesungen wird? Könnten Sie nicht zu denen gehören, die Mut machen und Zuversicht ausstrahlen nach der neuen Melodie „Gott gibt uns Zukunft und Hoffnung“?

Teil 2

Familienthema „Schule“

Einschulung:

Ein neuer Lebensabschnitt beginnt

Alle Jahre wieder besuche ich ab Februar/März die drei Kindergärten unseres Schulbezirks. Überall begrüßen mich erwartungsvolle Kinder. Sie zeigen mir, was sie gerade spielen oder basteln. Sie finden es interessant, dass ein Lehrer aus der Schule sie besucht. „Wirst du unser Lehrer?“, fragen sie. Diese Frage kann ich noch nicht beantworten, denn meistens steht erst kurz vor den Sommerferien fest, wie die Lehrerstellen-Besetzung an unserer Schule im nächsten Schuljahr aussehen wird und wer Klassenlehrer/in eines ersten Schuljahres wird. Die Kinder werden bis Ende Februar in der Schule angemeldet, wenn sie bis zum 30. Juni das 6. Lebensjahr vollendet haben; bei jüngeren Kindern können Eltern einen Antrag auf Einschulung stellen, wenn sie der Meinung sind, ihr Kind habe die nötige Schulfähigkeit und sei „reif“ für die Schule. Bald werden die Kinder zur Einschulungsuntersuchung kommen, dann gibt es auch für Schulleiter und Lehrer die Möglichkeit, Kinder und Eltern kennen zu lernen.

Früher ging man davon aus, dass bei den Kindern eine Art „Schulreife" vorhanden sein müsse, die man messen oder testen könne. Heute spricht man von Schulfähigkeit und Schulbereitschaft.

Früher ging man davon aus, dass bei den Kindern eine Art „Schulreife" vorhanden sein müsse, die man messen oder testen könne. Heute spricht man von ***Schulfähigkeit*** und ***Schulbereitschaft.***
Hinsichtlich der Schulfähigkeit fragt man, ob das Kind die kognitiven (erkenntnismäßigen) und sprachlichen Voraussetzungen hat, um die schulischen Anforderungen (Lesen, Schreiben, Rechnen usw.) zu bewältigen.
Für die Schulbereitschaft ist es notwendig, dass das Kind in seiner Arbeitshaltung, Anstrengungsbereitschaft, Ausdauer, Aufmerksamkeit, in seiner Selbstständigkeit und Einordnungsfähigkeit für die neuen Herausforderungen bereit ist.

Wenn ein Kind Schulkind wird, beginnt ein neuer Lebensabschnitt, der besonders vom Kind als sehr bedeutsam empfunden wird. Manche Eltern fragen sich, was nötig ist, damit ihr Kind gut auf die Schule vorbereitet ist und dort gut zurechtkommt.
Zunächst gibt es einige wesentliche Übereinstimmungen zwischen Kindergarten und Schule:
Für einige Stunden „sind die Kinder aus dem Haus"; sie werden zusammen mit einer Gruppe etwa Gleichaltriger in eigens kindgemäß ausgestatteten Räumen von pädagogischen Fachleuten betreut (Erzieherinnen, Lehrerinnen), um miteinander zu spielen und zu lernen. Sie beschäftigen sich mit unterschiedlichem Material, sie frühstücken, hören Geschichten, singen, sitzen zusammen im Stuhlkreis

und lernen in dieser Zeit, sich für eine überschaubare Zeit von zu Hause abzunabeln und ohne elterliche Fürsorge klarzukommen.
In der Kindergartenzeit geschehen wichtige Vorbereitungen für die Schule:
Die Kinder lernen, mit anderen, zunächst fremden Kindern umzugehen, sich einzufügen und sich durchzusetzen. Sie lernen, Frust zu verkraften. Sie müssen Regeln verstehen und einhalten, mit einem vorgegebenen Ablauf zurechtkommen, müssen Rücksicht nehmen und warten können. Sie lernen, Kindern und Erwachsenen gegenüber eigene Bedürfnisse zum Ausdruck zu bringen, und erhöhen ihre Beziehungsfähigkeit durch erste Spielfreundschaften.

Aber auch zu Hause können Eltern die Kinder für die Schule vorbereiten:
Sie sollten lernen, Aufgaben verantwortlich zu übernehmen, und merken, dass man ihnen immer mehr zutraut. Sie sollten lernen, Anweisungen zu hören und zu befolgen, nicht erst nach der vierten Wiederholung oder wenn man schimpft und droht.[10] Die Kinder sollten – auch durch elterliche Ermutigung und Hilfe – lernen, eine Sache möglichst bis zu Ende durchzuhalten und am Ende alles wegzuräumen. Sie sollten Selbstständigkeit lernen beim An- und Ausziehen, beim Binden der Schuhe, beim Ein- und Ausräumen.
Sie sollten viel Gelegenheit bekommen zur Bewegung, für Körpererfahrungen[11] und zur Orientierung im Haus, im Dorf oder Stadtteil, in der Umgebung.[12]

Das Leben in der Schule ist dann aber immer noch eine große Herausforderung:
Die Schule ist die erste „Arbeitsstelle". Hier ruft die Pflicht, hier fängt der Ernst des Lebens an. Anforderungen bestimmen den Unterricht. Man muss versuchen, das Geforderte zu schaffen; man muss sich anstrengen, Mühe geben. Man muss sich zurechtfinden auf dem Weg zur Schule, an der Schulbushaltestelle, im Schulbus, in einem großen und vielleicht fremden und unübersichtlichen Gebäude, inmitten von einigen hundert anderen Kindern, muss sich nach einem Stundenplan richten und ein ganz neues Verhalten lernen: still sein und sich melden, sprechen und zuhören, aufpassen, Lernstoff aufnehmen, verstehen und bewältigen, leise, ausdauernd und sorgfältig arbeiten, üben, alleine klarkommen, einen Ranzen schleppen, Hausaufgaben machen, Hefte führen und Arbeitsmaterial zusammenhalten. Kinder, ist das viel! Dafür muss man schon ganz schön stark sein!

Damit Kinder das alles bewältigen können, hier einige Tipps und Hilfen für die Erziehung:

- Das Wichtigste, was wir für unsere Kinder tun können, ist, sie stark zu machen, ihren seelischen „Tank“ zu füllen. Und das geschieht immer noch durch Zuwendung, Anerkennung und Liebe, durch Lob und Ermutigung.

- Wir können mit unseren Kindern üben, Regeln (eindeutige und erklärte Regeln) einzuhalten, und sollten darin konsequent sein, statt mit Belohnungen und Strafen zu arbeiten.[13]

- Wir sollten die Gefühle, Ansichten und Wünsche der Kinder ernst nehmen. Das geschieht zu Hause am besten und beeindruckendsten im regelmäßigen ***Familienrat***, der nach partnerschaftlich-demokratischen Regeln abläuft, dessen Ergebnisse in einem Familien-Protokollbuch festgehalten werden und in dem die Kinder altersgemäße Verantwortung lernen.[14]

- Es ist für eine gesunde Entwicklung der Kinder und eine altersgemäße Entfaltung ihrer Fähigkeiten sehr wichtig, dass wir ihnen genug Gelegenheiten geben, um zu handeln, Erfahrungen zu machen, zu spielen und zu helfen.[15]

- ❑ Ermutigung erzeugt Leistungsbereitschaft. Das Kind muss merken, dass wir an seine Kraft und seine Fähigkeiten glauben, dass wir Fehler als Lernchancen ansehen, dass wir ihm helfen, wenn es etwas ausprobieren will, dass wir ihm zusprechen: Du schaffst das! Du kriegst das hin! Nächstes Mal klappt es noch besser! Also nicht Kritik, sondern Ermutigung. Aggressive und verhaltensauffällige Kinder sind in der Regel entmutigte Kinder, die sich selbst nichts Gutes zutrauen.

- ❑ Zurückhaltender und verantwortlicher Umgang mit den „Neuen Medien“, mit Fernsehen, Computer und Internet.[16]

Kinder sind das Größte,
Kinder sind beliebt,
alle Leute freu'n sich,
dass es Kinder gibt.

Rolf Zuckowski

ISLANDE
OCEAN
IRLANDE
ATLANTIQUE
ALLEMAGNE
ESPAGNE
MAROC
ALGERIE

Lehrer:

Überforderte Menschen als Bezugspersonen

Der Lehrer

führt eine Klasse
führt Klassenlisten
führt Karteikarten
führt Kinder

trägt Meldungen ein
trägt Beschwerden ein
trägt Verantwortung

hat Aufsichtspflicht
hat Anwesenheitspflicht
hat Schweigepflicht
hat Vertretungspflicht

muss pünktlich sein
wird zurückgestuft
bereitet Unterricht vor
bereitet Unterricht nach
erbringt Nachweise
erfüllt Stoffpläne
korrigiert Arbeiten
korrigiert Schüler
korrigiert sich
korrigiert Kollegen

misst Leistung
differenziert
toleriert
akzeptiert
therapiert

muss gewissenhaft sein
muss termingerecht sein
muss entgegenkommend sein
muss Vorbild sein

hört zu
versteht
versteht nicht

wird beurteilt
wird geprüft
wird versetzt
wird eingestuft
wird angegriffen
wird entmutigt
wird beschuldigt
wird beobachtet

schafft Beziehungen
schafft Vertrauen
schafft
schafft es nicht
ist geschafft

ist Berater
ist Helfer
ist Anlaufstelle
ist Ansprechpartner
ist gerecht
ist freundlich
ist geduldig
ist ausgeglichen
ist zerstreut
ist überanstrengt

steht zur Verfügung
steht im Blickpunkt
steht in der Öffentlichkeit
steht im Schussfeld
steht im Regen
steht allein

nach Reinhold Miller[17]

Lassen Sie mich aus meinem Schulalltag erzählen.
Wenn ich um 7.30 Uhr den Schulhof betrete – der Unterricht beginnt um 8 Uhr –, finde ich dort schon etliche Kinder vor: Einige hocken vor dem noch verschlossenen Nebeneingang, andere haben schon begonnen, Fußball zu spielen, einige stehen müde und benommen herum. Ihre Eltern haben sie früh abgesetzt und sind zur Arbeit gefahren. Viele dieser Kinder haben nicht gefrühstückt, noch nicht einmal etwas getrunken. Nur wenige Kinder wurden von ihren Eltern, die meisten wurden vom Wecker geweckt, mussten sich ihr Frühstück selbst zusammensuchen, wurden dann zur Bushaltestelle oder zur Schule gescheucht. Diese Kinder sind 7 bis 10 Jahre alt.
Sie sitzen dann vor mir mit leerem Magen, mit verhungerter Seele, dafür mit wirr-überfüllten Köpfen, und ich soll ihnen nun Silbentrennung oder schriftliche Multiplikation beibringen.
Ich soll ihnen die Grundfertigkeiten, die „Kulturtechniken" vermitteln, sie vorbereiten auf die weiterführende Schule und auf die Zukunft.

Doch zunächst muss ich Zeit haben, muss zuhören, trösten, Streit schlichten. Ich halte Mineralwasser bereit, erlaube den Kindern, die noch mit nüchternem Magen dasitzen, schon um neun Uhr zu frühstücken, sorge für Bewegungspausen und Abwechslung, dann wieder für Stille und Konzentration. Für erhöhte Anforderungen wurden die Bedingungen verschlechtert: Die Schülerzahlen pro Klasse wurden erhöht, die Raummaße herabgesetzt, so dass ich sehr viel seelische Kraft brauche, um auf engstem Raum mit einer Schar von 30 Kindern, deren Grundbedürfnisse nur zum geringen Teil erfüllt wurden, zu arbeiten.
Damit sie sich in dieser beängstigenden Welt zurechtfinden und den Gefahren gestärkt begegnen können, mache ich mit ihnen Verkehrserziehung und Radfahrtraining, Sexualerziehung und Sucht-Prävention. In der Gesundheitserziehung lernen wir, was ein gesundes Frühstück ist und was zur Karies-Prophylaxe gehört. In der Medienerziehung wird der verantwortliche und kritische Umgang mit Fernsehen und Computer thematisiert. Behinderte, Ausländer und Aussiedler sollen integriert werden. Gewaltfreies Konflikttraining und Förderung der „sozialen Kompetenz", der Partner-, Team- und Gruppenarbeit werden von mir erwartet. Und natürlich der Aufbau von Leistungsbereitschaft und Arbeitshaltung. Geht es Kindern schlecht, darf ich sie nicht nach Hause schicken, weil niemand da ist. Haben Kinder einen Unfall, muss ich selbst dafür sorgen, dass sie ins Krankenhaus kommen, und soll gleichzeitig alle anderen beaufsichtigen.

Dabei haben die Kinder, viel mehr als früher, einen großen Zuwendungsbedarf. Vielleicht ist das der Grund dafür, dass sie dauernd „dumme Fragen" stellen und sich weigern, selbst zu denken, zu entscheiden, zu verantworten. Sie möchten meine Aufmerksamkeit, Zuwendung und Hilfe.
Auffällige, gestörte und andere Problemkinder erfordern noch viel mehr seelische Kraft. Ich muss mich permanent konzentrieren, auf alle gleichzeitig achten, ihre Bedürfnisse und Probleme erkennen und richtig darauf reagieren und immer geistesgegenwärtig sein. Ist der Schulvormittag vorbei, bin ich vollkommen geschafft. Und wenn ein Kollege morgens früh zu mir sagt: „Ich habe schon jetzt Kopfschmerzen", oder eine Kollegin: „Ich fühl mich nicht wohl, ich bin seit gestern dauernd schwindlig", und eine andere von ihren Schlafstörungen erzählt, und wenn ich mir dann vorstelle, dass auch sie mit angeschlagenem Gesundheitszustand die hundertprozentige Präsenz beweisen müssen, packt mich schon mal die Sorge, wie lange wir das alles wohl durchstehen können.

Kinder haben, viel mehr als früher, einen großen Zuwendungsbedarf.

Eine Lehrerin, die in der Sekundarstufe arbeitet, berichtet:
„Viele Lehrer und Lehrerinnen können das Elend der Kinder und Jugendlichen vor sich nicht mehr ertragen. Und das ist noch ein liebevoller Blick, den insbesondere viele Lehrerinnen angesichts der Respektlosigkeit, der Brutalität und Rohheit, mit der ihnen vor allem bestimmte Jungen gegenübertreten, nicht mehr lange haben werden. Viele Lehrerinnen empfinden Attacken auf ihre Person: ‚Wie sind Sie denn drauf? Stellen Sie sich nicht so an.' Lehrer und Lehrerinnen werden diese Verhältnisse immer weniger ertragen können, sie gehen schon heute von Bord und werden es bald scharenweise tun."[18]

Wie sehr Lehrer tatsächlich überbeansprucht und überlastet sind, wie gefährdet langfristig ihre Gesundheit ist, untermauern auch die folgenden Zitate:

„Ein Indiz für die Krise von Lehrerdasein und Lehrerbildung ist jedenfalls, dass neun von zehn Lehrern bereits vor Erreichen der Altersgrenze aufgeben, dass 46 Prozent von Ärzten irgendwann vor dem 65. Lebensjahr für arbeitsunfähig erklärt werden."[19]

„Immer mehr Kinder wachsen in sozialer Kälte auf. Dies zeigt nicht nur die bedrohlich wachsende Zahl von 500 000 obdachlosen Kindern und Jugendlichen oder solchen, die in schlechten Wohnverhältnissen leben. Lehrer/innen aller Schulformen, sogar schon in der Grundschule, beobachten seit Jahren, dass sich bereits Grundschulkinder weit vor Schulbeginn auf dem Schulhof aufhalten, weil zu Hause keiner ist, der sich um sie kümmert. Dass immer mehr Kinder ohne Frühstück in die Schule kommen und immer mehr Schulen in den Pausen Brötchen anbieten, mag als nicht weiter beachtenswert angesehen werden. Doch auch dies ist eine Reaktion darauf, dass Eltern ihrer Fürsorgepflicht nicht nachkommen."[20]

„Lehrer haben nach Erkenntnissen der Universität Potsdam ein deutlich erhöhtes Gesundheitsrisiko. Eine Untersuchung im Zeitraum 1995 bis 1999 hat ergeben, dass der Anteil an Personen mit Gesundheitsrisiken bei Lehrern mit 70 Prozent im Vergleich zu anderen psychosozialen Berufsgruppen überproportional hoch ist. (...) Die Gründe hierfür reichten von Verausgabung bis Resignation."[21]
„Sie haben Probleme mit dem Kreislauf, dem Magen, der Verdauung. Oft schmerzt der Kopf, der Rücken tut weh. Sie fühlen sich leer, ausgelaugt, überfordert. Allein der Gedanke an Unterricht, an Schüler lässt Angst aufsteigen, raubt den Schlaf. Viele der betroffenen Lehrerinnen und Lehrer geben schließlich ihren Beruf auf. Ausgebrannt! Burnout!"[22]

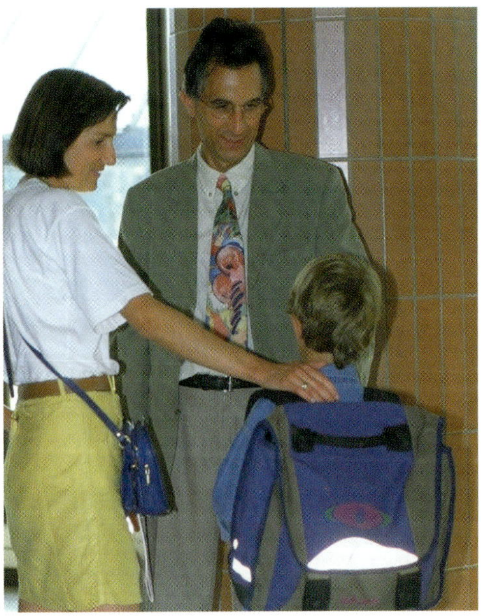

Etwa 40 % der Lehrer zeigen das folgende „Beanspruchungsmuster A": überhöhtes Engagement, Verausgabungsbereitschaft und Perfektionsstreben, kaum ausgeprägte Distanzierungsfähigkeit, verminderte Widerstandsfähigkeit gegenüber Belastungen, hohe Resignationstendenz, fehlende Anerkennung.

Weitere 30 Prozent leiden unter „Beanspruchungsmuster B": Resignation ist vorherrschend, die Motivation ist eingeschränkt, die Widerstandsfähigkeit gegenüber Belastungen herabgesetzt, negative Emotionen, Burnout-Syndrom.[23]

Sie merken, lieber Leser, dass dieses Thema mich selbst stark betrifft. Nun möchte ich Ihnen aber nicht etwas über die Härten meines Berufes vorjammern, sondern Sie bitten, bei aller Kritik an „schlechten" Lehrern in Rechnung zu stellen, in welchem Maße diese oft überfordert sind.

Dennoch werden Sie es hoffentlich immer wieder erleben, dass Ihr Kind engagierte, verständnisvolle, motivierende und gerechte Lehrer findet. Wenn Sie mit Lehrern zu tun haben, können Ihnen vielleicht folgende Hinweise dienlich sein:

- ❏ Übertragen Sie nicht eigene negative Schulerlebnisse von früher auf die heutigen Lehrer Ihres Kindes. Versuchen Sie den Lehrern vorurteilsfrei und unvoreingenommen zu begegnen.
- ❏ Wenn Kinder sich negativ oder positiv über ihre Lehrer äußern, sollten Eltern das zur Kenntnis nehmen, sich aber möglichst neutral verhalten und je nach Alter nur mit „So?“ reagieren oder „Warum die sich wohl so verhält?“ Kinder finden so ihre eigene für sie „einleuchtende“ Antwort. Und immer bedenken: Auch die eigenen Kinder müssen nicht die Menschen mögen, die die Eltern mögen und umgekehrt.
- ❏ Sehen Sie im Lehrer nicht die „Lehrperson“, sondern den Menschen. Sicher, er ist in seinem Bereich Fachmann, aber er steht in den seltensten Fällen über den Dingen, sondern mittendrin, so wie Sie selbst vielleicht auch. In der Erziehung Ihres Kindes sollten Sie möglichst Partner sein.
- ❏ Wie schon in den vorigen Kapiteln angedeutet: Bieten Sie konstruktive Zusammenarbeit an, natürlich im Rahmen Ihrer Kräfte und Möglichkeiten. Wenn Ihnen etwas gut gefällt, bedanken Sie sich auch schon mal beim Lehrer.
- ❏ Versuchen Sie, aus den Worten der Lehrer weniger die Kritik an Ihnen und Ihrem Kind herauszuhören, sondern vielmehr das notwendige Benennen eines Problems. Versuchen Sie gemeinsame Lösungsansätze.
- ❏ Wenn Sie selbst Fragen, Kritik und Beschwerden haben, machen Sie klar, dass das Problem aus Ihrer Sicht so aussieht, und bitten Sie dann den Lehrer, die Sache aus seiner Sicht zu schildern. Bei größeren Schwierigkeiten sollten Sie auch mit dem/der Vorsitzenden der Pflegschaft sprechen, sich über Ihre Einschätzung austauschen und eine gemeinsame Strategie überlegen.
- ❏ Wenn Sie nicht gehört werden oder nichts bewirken, können Sie natürlich bei krassen Missständen auch den offiziellen Beschwerdeweg gehen, also zunächst beim Schulleiter, danach erst beim Schulamt vorsprechen. Wenn Sie die Beschwerde schriftlich einreichen, haben Sie auch Anrecht auf eine schriftliche Stellungnahme.

784
2140

Unterrichtsstoff:

Sinnvolles Lernen oder „Gehirn auf Durchzug“

Uns Lehrern will es manchmal erscheinen, als wäre unser Unterricht vergeblich, als predigten wir tauben Ohren, als schauten die Kinder durch uns hindurch und als sprächen wir auch irgendwie durch sie hindurch. „Gehirn auf Durchzug“ nenne ich das.
Mit gelinder Verzweiflung bemerken wir, dass das, was wir gerade „durchgenommen“, erklärt, erläutert und ausprobiert haben, überhaupt nicht angekommen ist! „Was soll ich machen? Wie geht das?“, sind die anschließenden Fragen. Warum unterrichte ich eigentlich, wenn ich es danach jedem Einzelnen noch einmal erklären muss?, frage ich mich manchmal.
Andererseits sind die gleichen Kinder plötzlich interessiert, motiviert und arbeiten sogar eigenständig. Auch zu Hause merken Sie das. Bei manchen Aufgabenstellungen ist es ein zähes Ringen, der Groschen fällt und fällt nicht, das Kind hat, im Bild gesprochen, ein Brett vor

dem Kopf. Dann wieder beobachten wir, dass es sich in irgendetwas vertieft, dass es bestimmte Themen schnell auffassen und Wissensinhalte gut behalten kann. Ich will versuchen, anhand von 14 Begriffen – nach dem ABC geordnet – meine Beobachtungen und Gedanken zu diesem Thema darzulegen.

Aktualität

Das spätlateinische „actualis" bedeutete *wirksam, wirklich, tatsächlich.* Daraus entstand die Bedeutung *zeitnah, zeitgemäß, vordringlich.* Vielen Lernstoffen fehlt einfach die Aktualität. In einem verregneten Winter wird in einem ersten Schuljahr, weil es in der Fibel „dran" ist, Eis, Schnee und Frost behandelt. Während in den Medien fast wöchentlich über Gewalttaten an Schulen berichtet wird, behandelt ein Lehrer in Gesellschaftskunde das Verhältniswahlrecht. Woher kommt der Hass zwischen Albanern und Serben? In Geschichte kann man der Frage nicht nachgehen, weil gerade die Französische Revolution auf dem Lehrplan steht. Wenn gehäuft Dinge zu lernen sind, die nicht aktuell sind, schalten wir ab, weil sie uns gar nicht berühren (Lebensbezug). Aktualität hingegen erhöht das Interesse, weil wir merken, dass uns die Inhalte in unserem jetzigen Leben begegnen und beschäftigen.

Aufmerksamkeit

Aufmerksamkeit wird erhöht durch Interesse, Eigentätigkeit, Lebensbezug, Faszination und die persönlichen Neigungen.

Wir beobachten in der Schule – vielleicht auch darüber hinaus in Alltag und Beruf – ein starkes Aufmerksamkeits-Defizit. Die Gründe dafür sind vielfältig. Nach neuesten Erkenntnissen kann bei einem großen Prozentsatz der Schüler ein A.D.S. (Aufmerksamkeits-Defizit-Syndrom)[24] vorliegen. Aber auch Müdigkeit, Überforderung oder Sorgen können die Aufmerksamkeit einschränken. Um aufmerksam zu sein, muss man „aufmerken", muss einen etwas ansprechen, anspringen, aufwecken. Aufmerksamkeit wird erschwert bei langen und langweiligen Lehrermonologen, bei optischen oder akustischen Stör-Reizen und Ablenkungen, bei schwer verständlichem Stoff, bei Überforderung. Aufmerksamkeit wird erhöht durch Interesse, Eigentätigkeit, Lebensbezug, Faszination und die persönlichen Neigungen.

Begabung

Abgesehen von der Intelligenz gibt es spezielle Begabungen. Wenn in der Schule etwas verlangt wird, das im Bereich der persönlichen Begabung eines Kindes liegt, ist zu erwarten, dass das Kind sich darauf freut, Spaß daran hat und lustvoll daran arbeitet. Manche Kinder lesen mit 10 Jahren dicke Romane, andere malen und gestalten beeindruckend, einige können schneller und geschickter im Kopf rechnen als ich selbst, es gibt begabte Darsteller und Schauspieler usw. Aufmerksamkeit scheint etwas zu tun zu haben mit den persönlichen Stärken. Aufmerksamkeit ist leicht, wenn man etwas gern tut und gut kann.

Eigentätigkeit

In der kleinkindlichen Entwicklung beobachten wir eine Phase, in der Kinder unbedingt alles selber tun wollen, auch, wenn sie es noch nicht sicher beherrschen. „Will alleine!“ „Kann alleine!“ Das Kind hat ein Gespür dafür, dass es jetzt nur richtig lernen kann, wenn ihm die Selbsttätigkeit ermöglicht wird. Auch wenn es dabei Fehler macht und hin und wieder scheitert, ist der Lernerfolg ungleich höher, als wenn wir als Erwachsene das Kind permanent schützen, unterstützen, ihm helfen wollen, denn das ist letzten Endes auch dem Selbstbewusstsein abträglich. Gelegenheiten zur Eigentätigkeit in der Schule, d.h. selbst etwas ausprobieren zu können, selbst etwas in die Hand zu nehmen, erhöhen die Fähigkeit zur Aufmerksamkeit erheblich.

Nichts erhöht Aufmerksamkeit und Lernbereitschaft so sehr wie das Erlebnis: Ich habe das gut gekonnt.

Erfolg

Wenn einem Kind etwas gelungen ist, wenn es etwas gut kann, wenn es Zusammenhänge versteht, wenn es die Unterrichtsziele erreicht, wenn es vor anderen zeigen darf, was es weiß und kann, wenn es Lob oder Beifall bekommt, spürt das Kind, dass es erfolgreich ist. Nichts erhöht Aufmerksamkeit und Lernbereitschaft so sehr wie das Erlebnis: Ich habe das gut gekonnt. Bei Misserfolg jedoch erlahmt die Lernlust schnell: Wozu soll ich aufpassen, wozu mir Mühe geben? Ich krieg das ja doch nicht hin. Misserfolg nagt am Selbstwertgefühl und raubt den Mut und die Zuversicht.

Faszination

Wenn Kinder etwas fasziniert, sind sie geradezu gefesselt. Das beobachte ich besonders bei der Erforschung physikalischer Zusammenhänge oder biologischer „Geheimnisse“. Wie funktioniert das? Wie hängt das zusammen? Wie kann das sein? Kinder einer vierten Klasse haben an vier Tagen mit Batterien, Kabeln, Glühlampen und Schaltern experimentiert, ohne dass ihre Aufmerksamkeit erlahmte und ohne dass ich viel für den Unterricht vorbereiten musste. Aber auch das Trompetenspiel eines Mitschülers und die reizvollen Gestaltungsmöglichkeiten eines Schattentheaters können diese Faszination auslösen. Wenn wir beobachten, dass Kinder entzückt und verzaubert sind, können wir mit höchster Aufmerksamkeit rechnen.

Interesse

Das lateinische *inter-esse* bedeutet *dabei sein, dazwischen sein*. Was uns interessiert, zieht uns an. Wir wollen nah herangehen, einsteigen, Einblick bekommen, verstehen. Was man mit Interesse lernt, kann man viel schneller auffassen und viel müheloser behalten als das, was man ohne eigenes Interesse lernen musste. In Projektwochen, Arbeitsgemeinschaften, Monatsthemen und Interessengruppen sehen wir, mit wie viel Begeisterung und mit welch hoher Aufmerksamkeit Kinder dabei sind. Nicht für alle Themen und Lernbereiche können wir ihr Interesse wecken, aber je häufiger wir sie dazu herausfordern und darin unterstützen, an ihren Interessen-Themen zu arbeiten, erleben wir ihren Forscherdrang bis hin zu regelrechtem Expertentum.

Was man mit Interesse lernt, kann man viel schneller auffassen und viel müheloser behalten als das, was man ohne eigenes Interesse lernen musste.

Konzentration

Eine Zielscheibe hat konzentrische Kreise, und man muss versuchen, die Mitte zu treffen. Dazu muss man sich konzentrieren, seine Blicke und Gedanken ruhig und genau auf die Mitte lenken. Genau das gelingt vielen Kindern im Unterricht, bei der Einzelarbeit oder bei den Hausaufgaben nicht. Die Aufmerksamkeit, die Gedanken schwirren überall umher und wollen sich nicht auf das Wesentliche, das Notwendige, auf das Zentrale ausrichten. Die Unfähigkeit, sich zu konzentrieren, ist eine verbreitete Zeitkrankheit, nicht nur bei Kindern. Konzentrationsübungen helfen meistens nur bei den Konzentrationsübungen selbst, nicht aber in den Situationen, in denen die Konzentration so schwer fällt. Nach meiner Erfahrung gibt es dafür Hilfen, die ich am Ende des Kapitels aufzähle.

Lebensbezug

Wenn Kinder und Jugendliche nicht merken, dass das, was sie gerade lernen, etwas mit ihrem wirklichen Leben zu tun hat, ist es nicht verwunderlich, wenn Interesse und Aufmerksamkeit bald erlöschen. Vor kurzem flogen über unsere Dörfer wie jedes Jahr im März die Kraniche, die aus ihren südfranzösischen oder spanischen Winterquartieren aufgebrochen waren, um nach Skandinavien zu ziehen. Ein Naturschauspiel, das die meisten Kinder miterlebten. Spontan entstand eine Erdkunde-Biologie-Mathematikstunde, in der wir uns mit der Flugroute, dem Aussehen und Verhalten der Kraniche, den Entfernungen von Süd- bis Nordeuropa und der Lage der Länder befassten, einen Zeitungsartikel lasen, im Atlas und im Vogellexikon stöberten. Wenn die Kinder auf diese Weise merken, was der Unter-

richtsgegenstand mit ihrem Leben und Erleben zu tun hat, ist meist hohe Motivation und Aufmerksamkeit gewährleistet.

Motivation

Im Wort Motivation steckt der Antrieb, der Anreiz, der Motor, der etwas in Bewegung bringt. Allerdings – so stelle ich mir vor – in eine zielgerichtete Bewegung: Die Kraft, die den Bogen spannt und den Pfeil auf das Ziel ausrichtet. Wenn Interesse da ist, Lebensbezug, Aktualität, der Anreiz, etwas schaffen zu wollen und zu können, dann ist man motiviert. Kinder zu motivieren ist ein großer Bestandteil der pädagogischen und unterrichtlichen „Kunst“ des Lehrers. Die Motivationsforschung ist jedoch ein zu großes Fachgebiet der Lernpsychologie, als dass ich in diesem Rahmen weiter darauf eingehen könnte.

Neigung

Es ist sehr wichtig, die Neigungen der Kinder zu kennen, einzubeziehen und zu respektieren. Fast niemand macht alles gern oder kann alles gut. Eigene Begabungen und Stärken führen zu Neigungen, die wir beim Kind beachten müssen. Die Erwartung mancher Eltern und Lehrer, dass ein Kind in allen Bereichen hohe Motivation und gute Leistungen zeigen muss, halte ich für überzogen und ungesund. Sie ist oft nur durch anhaltenden Druck zu erfüllen. Viel eher sollte das Kind ermutigt werden, seine eigenen Neigungen kennen zu lernen und ernst zu nehmen.

Resignation
ist einer der gefährlichsten und heimtückischsten Feinde sinnvollen Lernens. Wer viele Misserfolge erlebt hat, wer Angst hat zu versagen, wer entmutigt ist, wer sich selbst nichts zutraut, für den ist es kaum möglich, eine positive Einstellung zum Lernen und zur Leistung zu bekommen. Auffällige, aggressive, gewalttätige Kinder sind meist sehr entmutigte, resignierte Kinder, die das Zutrauen zu sich selbst verloren haben, die nicht glauben, dass sie zu etwas Gutem, zu etwas Wichtigem und Nützlichem taugen. Auch wenn Eltern ihre Kinder überfordern, schleicht sich Resignation ein.

Auffällige, aggressive, gewalttätige Kinder sind meist sehr entmutigte, resignierte Kinder, die das Zutrauen zu sich selbst verloren haben, die nicht glauben, dass sie zu etwas Gutem, zu etwas Wichtigem und Nützlichem taugen.

Selbstbewusstsein
Viele Kinder leiden unter einem schwachen Selbstbewusstsein; sie verspüren Unsicherheit bezüglich ihrer Fähigkeiten und ihrer Akzeptanz in der Klasse. Häufig sind negative Einreden wie „ich kann das sowieso nicht, ich bin halt zu dumm, ich schaff das nicht“ zu beobachten. Um die Anforderungen zu bewältigen, ist jedoch eine innere Sicherheit, ein Zutrauen in die eigenen Fähigkeiten wichtig. Um diese Sicherheit zu gewinnen, gehe ich mit den Kindern einige Schritte, mit denen ich versuche, Selbstständigkeit und Hilfe auszubalancieren.

Überfütterung
ist leider ein weitverbreiteter Grund für Aufmerksamkeits- und Lernstörungen. Was dazu führen kann, ist zu viel Unruhe, zu viel Neues, zu viele Eindrücke, zu viele Nachmittags-Aktivitäten, zu viel Musikhören, zu langes Fernsehen, zu häufiges Videospielen, zu schnelle Wunscherfüllung, zu einseitige Freizeitbeschäftigung. Alles, was die Kinder in sich aufnehmen, ohne es in Ruhe verarbeiten zu können, verursacht irgendwann diesen Verarbeitungs- und Aufnahme-Stau. Nie zuvor ist so viel auf die Kinder eingestürmt. Kein Wunder, dass die Gedanken immerzu mit allem Möglichen überbeschäftigt sind und die Kinder einfach abschalten.

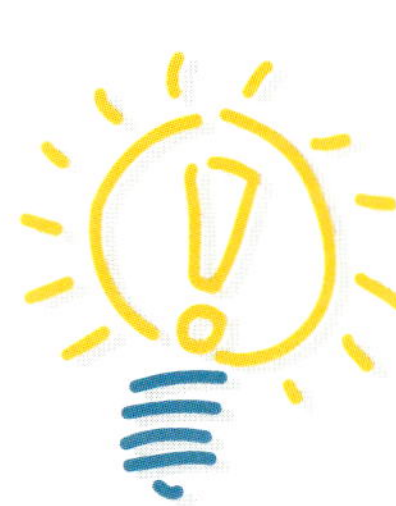

Hilfen zu besserer Konzentration:

a) Vom Kind nur kurze Konzentrations- und Anspannungsphasen verlangen. Das Kind soll selbst einschätzen lernen, wie lange es sich konzentrieren kann. Lange Phasen vermehren den Frust. Aber eine Minute, in der es gelungen ist, sich zu konzentrieren, lässt sich ausbauen.

b) Ordnung, Überblick und Struktur sind sehr hilfreich. Feste Zeiten, feste Abläufe, ein leerer, aufgeräumter Tisch, übersichtliches Arbeitsmaterial, eine vernünftige Zeiteinteilung, Überblick über das, was gemacht werden muss.

Das Erreichen von Sicherheit und die Schaffung kleiner Erfolge können die Konzentrationsfähigkeit enorm erhöhen.

c) Ruhe, keine Störungen von außen, kein Radio oder Fernsehprogramm im Hintergrund, keine Gespräche, die gleichzeitig laufen, Stillarbeit in der Schule, eine ruhige Ecke, wo man nichts hört. Kinder können dafür selbst ein genaues Gespür entwickeln und mithelfen, die für sie günstigste Lernumgebung zu schaffen.

d) Klarheit in Bezug auf Aufgabenstellung, Arbeitsmaterial, erwartetes Ergebnis, Zeitbedarf. Frage: Was muss ich genau machen? Ist mir alles klar? Wie lange habe ich dafür Zeit?

e) Ein großer „Konzentrations-Killer" ist der Misserfolg, die Resignation, die Entmutigung. Ein Junge hat in drei Mathematikstunden nur drei Divisionsaufgaben geschafft, dabei seinen Radiergummi zerpflückt, seinen Stift zerkaut und abgebrochen und auf seiner Heftseite herumgekritzelt. Er hatte das Gefühl: Ich blicke nicht durch, ich kriege das nicht hin, ich bin total unsicher. Nach weiteren Erklärungen, Hilfen und Ermutigungen durch den Lehrer und zwei Mitschüler, die ihm eine Art Nachhilfe gaben, war er dann plötzlich in der Lage, in einer Stunde zwanzig Aufgaben zu rechnen, und wollte am Ende der Stunde nicht aufhören. Das Erreichen von Sicherheit und die Schaffung kleiner Erfolge können die Konzentrationsfähigkeit enorm erhöhen.

Schritte zu mehr Sicherheit und Selbstbewusstsein:

„Ich sehe, dass du mit diesen Aufgaben noch nicht gut zurechtkommst. Aber du kannst es jetzt in Ruhe noch einmal versuchen.

1. Versuche, die Aufgaben selbst zu verstehen und zu lösen. Ich bleibe in der Nähe. Nach 2 bis 5 Minuten schaue ich nach, ob du's geschafft hast.

2. Schaffst du's nicht, helfe ich dir und gebe dir Ratschläge. Jetzt versuchst du's noch einmal.

3. Klappt es noch nicht, helfe ich dir, und wir üben ganz gründlich zusammen.

4. Wenn du meinst, du schaffst es jetzt allein, lasse ich dich selbstständig arbeiten. Ich mache jetzt etwas anderes und achte nicht auf dich. Du kannst mich aber jederzeit um Hilfe bitten.

5. Deine fertigen Ergebnisse trägst du in der Klasse vor oder vergleichst sie mit anderen. Jeder kann dann sehen: Du kannst es!"

Kinder sind das Beste,
was unser Herrgott
geschaffen hat.

Astrid Lindgren

Probleme:

Lernstörungen und Verhaltensauffälligkeiten

Problemkinder. Kinder mit besonderen Schwierigkeiten. Ihre Zahl nimmt zu, und sie machen auch uns Lehrern zunehmend Schwierigkeiten.

Es gibt sehr viele unterschiedliche Störungen. Bei jeder einzelnen muss man genau hinsehen, sich mit dem Kind, seinem Problem, seiner bisherigen Lebensgeschichte und familiären Situation befassen und nach einer Möglichkeit oder einem Weg der Hilfe suchen. Die folgenden stichwortartigen Zusammenfassungen können Ihnen nur ein wenig Orientierung geben.

Wenn Ihr Kind aus Sicht der Schule ein solches „Problemkind" ist und auch Ihnen mancherlei Schwierigkeiten und Sorgen bereitet, sprechen Sie mit Ihrem Kinderarzt und mit den Lehrern und suchen Sie unbedingt eine Beratungsstelle, ein Kinder-Therapiezentrum oder eine ergotherapeutische Praxis auf. Nachfolgend gebe ich Ihnen einen Überblick über die häufigsten Problembereiche.

Aggressives Verhalten

Oppositionelles oder trotziges Verhalten, Streiten, Zerstörung, Hass, Gewaltanwendung

Schritte: Ursachenanalyse
Selbstvertrauen stärken, Ruhe, Entspannung und Selbstkontrolle lernen
Neuen Umgang mit Aggressionen einüben

Literatur: Franz Petermann / Ute Petermann: „Training mit aggressiven Kindern" Beltz Psychologie Verlags Union München 1997[8]
Thomas Gordon: „Familienkonferenz. – Die Lösung von Konflikten zwischen Eltern und Kind" („Niederlagelose Methode") Heyne, München 1999[29]

Weitere Auffälligkeiten, bei denen man Rat suchen sollte:
Daumenlutschen, Nägelbeißen, Lügen, Stehlen ➜ siehe „Seelische Störungen"

Störungen im Sprechverhalten

Stottern, Mutismus (Kinder sprechen nicht), Stammeln (Fehlbildung der Laute)

Hilfen: Logopädische Behandlung und Sprachtherapie (in den Gelben Seiten zu finden)

Information: Bundesvereinigung der Stotterer – Selbsthilfe e.V., Gereonswall 112, 50670 Köln, Tel. 02 21 / 1 39 11 06-07, Fax 1 39 13 70

Einrichtungen und Fachleute:
Gesundheitsamt
Sprachheilambulanzen
Logopädinnen/Logopäden
Erziehungs- und Familienberatungsstellen
Krankenkassen
Sprachheilschulen, Förderschulen

Probleme im Spielverhalten

Mangelndes Durchhaltevermögen, Probleme mit Regeln, Wahrnehmungsstörungen, Konzentrationsmängel

Schritte:
Ursachenanalyse
Annahme, Geduld, Vertrauen, Ernstnehmen, Wertschätzung des Kindes
Beratung durch Kinder- und Familienpsychologen

Wahrnehmungsstörungen: ➜ siehe Anhang unter „ADS“ und „Sensorische Integrationsförderung“

Konzentration:
Dem Kind bei Überblick, Organisation und Struktur helfen
Abbau innerer Beunruhigung (familiäre Konflikte?)

Defizite im Sozialverhalten

Mangelnde Selbständigkeit, mangelndes Durchsetzungsvermögen, mangelnde Kontaktfähigkeit

Ursachen: Nichtbeachtung, Verbote und Strafen, Unterdrückung der Spontaneität, übertriebenes Behüten, überängstliche oder autoritäre Erziehung, überfordernde und entmutigende Erziehung, fehlende Zuneigung

Hilfe:	Beratungsgespräch mit Erzieherinnen/Lehrern Erziehungsberatung

Seelische Störungen

Depressionen bei Kindern, übertriebene Gehemmtheit und Schüchternheit, Stehlen, Lügen

Hilfe:	Beratungsstellen von öffentlichen und freien Trägern: Jugendamt, Sozialamt, Gesundheitsamt, Caritas, Diakonie usw. Telefonseelsorge, Kindersorgentelefon Krankenkassen
Suchtvorbeugung:	Da diese Kinder besonders suchtgefährdet sind, finden Sie im Telefonbuch auch hilfreiche Adressen unter den Stichworten „Suchtberatungsstelle“, „Drogenberatungsstelle“, „Psychosoziale Beratungs- und Behandlungsstelle“, „Erziehungsberatungsstelle“

Ängste

Versagensangst, Leistungsangst, Prüfungsangst, Schulangst, Verlassenheitsangst, Nachtängste, Klaustrophobie, Platzangst …

Hinweis:	Angst als Störungsursache ist kein Fall für den Arzt (keine Medikamente!); es kommt auf die Beseitigung der Ursachen an!
Hilfen bei Angst:	Erziehungsberatungsstellen Bildungsberatungsstellen (bei Vorschulkindern) Berufsverband Deutscher Psychologen e.V., Heilsbachstraße 22, 53123 Bonn, Tel. 02 28/64 10 54/55, Fax 64 31 18

Hyperaktivität und ADS

Hyperaktivität, Hyperkinetisches Syndrom, Zappelphilipp und Träumer, Aufmerksamkeits-Defizit (früher auch MCD) in Amerika „ADD“ (= attention deficit disorder) genannt.
International anerkannte Diagnose: „Aufmerksamkeitsstörung mit und ohne Hyperaktivität“

Über 1 Million Kinder in Deutschland sind „ADS-Kinder", das heißt, in jeder Schulklasse gibt es im Schnitt zwei Kinder mit dieser Störung.

➜ siehe Anhang „ADS"
außerdem:
Arbeitskreis hyperaktives Kind e. V.
Dietrichstraße 9, 30159 Hannover,
Tel. 05 11 / 3 63 27 29, Fax 3 63 27 72

Körperliche Krankheit und Behinderung

Körperbehinderung, geistige Behinderung, Sinnesbehinderung, Epilepsie, chronische organische Krankheiten (z.B. Diabetes), psychomotorische Auffälligkeiten

Schritte: Beobachtung und Diagnose (Kinderarzt)
Frühförderung
Antrag auf „Sonderpädagogischen Förderbedarf" (Schule, Schulamt)

Psychomotorik: siehe Kapitel „Kinder brauchen Erfahrungen" und Anhang „Psychomotorik"

Psychosomatische Reaktionen

Ess-Störungen, Bauchschmerzen, Enuresis (Bettnässen), Enkopresis („einkoten“), Schlafstörungen

Informationen bei
Ess-Störungen: ANAD Selbsthilfegruppe, Rottmannstraße 5, 80333 München, Tel. 0 89 / 5 23 66 33
Adressen von Therapeuten in der ganzen Bundesrepublik: Tel. 0 41 92 / 50 40 (2 DM in Briefmarken beilegen)

Hilfen: ähnlich wie bei seelischen Störungen

Ursachen für Störungen des Kindes in Familie und Umfeld können sein:

- ❑ Trennung und Scheidung
- ❑ Alkohol
- ❑ Gewalt in der Familie
- ❑ Sexueller Missbrauch

Auf diese Ursachen kann ich hier nicht im Einzelnen eingehen. Auf jeden Fall brauchen die betroffenen Kinder intensive und ggf. langjährige Hilfe, Begleitung und Therapie. Einige Hinweise finden Sie bei den entsprechenden Stichworten im ➜ Anhang.

Hauptsächlich haben wir es als Lehrer zu tun mit Problemen im Lern- und Leistungsverhalten:

- ❑ Lese- und Rechtschreibschwäche (LRS)
- ❑ Konzentrationsstörung
- ❑ Hochbegabung
- ❑ Entwicklungsstörungen

Um bei diesen Schwierigkeiten Hilfe zu schaffen, ist ein dauerhafter intensiver Austausch zwischen Lehrern und Eltern wichtig. Oft ist eine gezielte Förderung oder Therapie notwendig. Von Nachhilfe ist abzuraten, da sie meist die Arbeitsmenge für die Kinder noch erhöht und die Lernunlust vermehrt.
Hinweise zum Umgang mit diesen Problemen finden sich in den verschiedenen Kapiteln des Buches sowie im Anhang.

Hausaufgaben:

Arbeitslust oder Elternfrust

Ich weiß nicht, wie viele Schüler es gibt, die nachmittags selbständig und zügig und ohne besondere Probleme ihre Hausaufgaben machen. Vielleicht ist der Prozentsatz relativ hoch. Natürlich habe ich überwiegend mit denen zu tun, die Probleme mit den Hausaufgaben haben. Viele Kinder erleben Hausaufgaben als etwas Lästiges, Schweres und Drückendes. Sie stöhnen unter dieser Last. Nicht wenige Kinder machen ihre Hausaufgaben unvollständig und unregelmäßig. „Nicht gekonnt", „keine Zeit gehabt", „nicht verstanden", „Heft vergessen" lauten die Entschuldigungen. Vernachlässigen Kinder häufig oder über lange Zeit ihre Hausaufgaben, fehlt ihnen oft die Sicherheit, die Schnelligkeit, das Training, und ihre Leistungen lassen auch in der Schule nach. Genauso schlimm wie für manche Kinder ist es für die Eltern. Sie müssen ermahnen, antreiben, helfen, kontrollieren, und ihre Nerven werden erheblich strapaziert. Ich möchte Ihnen zunächst einige Informationen und dann eine Reihe von Hinweisen und Vorschlägen geben, was man bei Hausaufgaben-Problemen tun kann.

Informationen

➜ Information 1: Der Sinn der Hausaufgaben

Hausaufgaben sind eine Ergänzung der schulischen Arbeit. Sie geben den Kindern die Gelegenheit, das in der Schule Gelernte zu üben, zu wiederholen und zu festigen, selbstständig anzuwenden und zu vertiefen. Hausaufgaben können aber auch der Vorbereitung eines Unterrichtszusammenhangs dienen; dann haben sie Erkundungs- und Beobachtungscharakter und sollen die Kinder ermutigen, Lernvorgänge und Arbeitsweisen selbst zu organisieren. Hausaufgaben müssen also aus dem Unterricht erwachsen oder zum Unterricht hinführen.

➜ Information 2: Schwierigkeitsgrad

Hausaufgaben müssen genau erklärt werden und im Schwierigkeitsgrad der Leistungsfähigkeit der Schüler entsprechen, so dass sie von diesen selbstständig, ohne Hilfe gelöst werden können. Deshalb ist es angemessen, wenn Lehrer Kindern mit unterschiedlicher Leistungsstärke auch unterschiedliche Hausaufgaben geben („differenzierte Hausaufgaben“)!

➜ Information 3: Der Umfang der Hausaufgaben

An den Wochentagen sollten die Hausaufgaben so bemessen sein, dass sie in den Klassen 1 und 2 in 30 Minuten, in den Klassen 3 und 4 in 60 Minuten und in den Klassen 5 und 6 in 90 Minuten zu schaffen sind.

➜ Information 4: Die Kontrolle der Hausaufgaben

Eltern sollten über die Hausaufgaben der Kinder Bescheid wissen, aber sie im Einzelnen nicht überprüfen. Im Unterricht jedoch sollen sie regelmäßig überprüft und ausgewertet werden. Sie werden aber in der Regel nicht benotet.

Hinweise

➜ Hinweis 1: Pflicht

Es ist gut, dem Kind klarzumachen, dass Hausaufgaben ohne Wenn und Aber zu seinen Pflichten gehören. Es gibt viele Berufe, in denen man nachmittags arbeiten muss. Hausaufgaben sind ein begrenzter Teil „Schule“ zu Hause. Je selbstverständlicher man das akzeptiert und nicht dagegen ankämpft, umso leichter fällt es einem, sich „dranzusetzen“.

➜ Hinweis 2: Eigenverantwortung

Es ist nicht Sache der Eltern, dass die Hausaufgaben gemacht werden, sondern es ist die Sache des Schülers. Für seine Aufgaben ist er selbst verantwortlich. „Je mehr Sie die Hausaufgaben zu Ihrer Sache machen, desto weniger wird sich Ihr Kind selbst darum kümmern. Wenn es erst einmal zu wissen glaubt, dass die Hausaufgaben seinen Eltern viel wichtiger sind als ihm selbst, wird es keinerlei Verantwortung mehr übernehmen wollen.“[25] Hier wie in der ganzen Erziehung gilt, dass die Eigenständigkeit des Kindes gefordert und gefördert werden muss.

➜ Hinweis 3: Eigenständigkeit

Das Kind selbst hat die Verantwortung für seine Hausaufgaben. Das fängt damit an, dass sie in der Schule vollständig aufgeschrieben werden. Sehr gut eignet sich ein Oktavheft, in dem die Hausaufgaben kontinuierlich notiert werden und das Sie einmal in der Woche

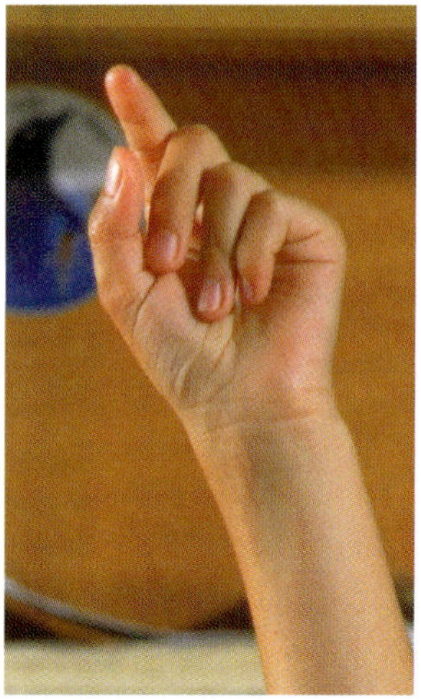

abzeichnen können. Weiterhin ist wichtig, dass das Kind selbst verstanden hat und erklären kann, was es machen muss. Als Eltern dürfen Sie nicht so schnell den „Hilfslehrer" spielen, sondern das Kind eindringlich auffordern, selbst zu überlegen, sich an den Unterricht zu erinnern oder die Aufgabenstellung genau durchzulesen. Wenn Sie diese Prozedur durch schnelle Hilfsbereitschaft abkürzen, werden Sie das alsbald an jedem Tag machen müssen. Auch dass die fertigen Aufgaben wieder in den Ranzen kommen, ist allein Sache des Kindes.

➜ Hinweis 4: Leistungskurve

Der Umgang mit dem Arbeitspensum Hausaufgaben sollte auf jedes einzelne Kind abgestimmt sein. Versuchen Sie, mit Ihrem Kind herauszufinden, wie seine Leistungskurve verläuft, wann es Ruhe oder Bewegung braucht, ob es mittags erschöpft ist, sich abreagieren und austoben muss und wann die beste Zeit für die Hausaufgaben ist. Auch Geschwisterkinder sollten nach Möglichkeit darin nicht über einen Kamm geschoren werden.

Vorschläge

➜ Vorschlag 1: Zeit und Raum

Helfen Sie dem Kind, sich zeitlich zu orientieren: Über Anfangszeit und Arbeitsdauer sollte Klarheit und Übereinstimmung bestehen. In dieser Zeit sollte es möglichst wenig Unterbrechungen und Ablenkungen geben. Das Kind sollte in einem ruhigen Raum an einem hellen und aufgeräumten Arbeitsplatz sitzen, z. B. am Küchentisch oder in seinem Zimmer. Sie sollten nicht daneben sitzen oder sich in unmittelbarer Nähe aufhalten. Es ist besser, wenn es dem Kind nicht zu leicht gemacht wird und Sie nur helfen, wenn es nicht anders klarkommt.

➜Vorschlag 2: Absprachen und Regelungen

Sie sollten mit Ihrem Kind die eben genannten Regelungen klar absprechen. Das Kind soll wissen, woran es ist. Von dieser Linie sollten Sie nicht so schnell abweichen. Aber diktieren Sie dem Kind die Abmachungen nicht einfach, sondern lassen Sie es selbst Vorschläge machen, und treffen Sie die Vereinbarungen mit ihm gemeinsam. Am Ende können Sie ihm eine Bestätigung geben, eine Rückmeldung, ein ehrliches Lob, eine kleine Belohnung.

→Vorschlag 3: Konsequenzen

Schimpfen und Zetern, Drohung und Druck sollten Sie möglichst vermeiden. Es ist besser, wenn bei Nichtbeachtung der Regeln alsbald Folgen oder Konsequenzen eintreten, die dem Kind einsichtig und erlebbar machen, dass es nicht folgenlos ist, wenn man die Abmachungen bricht. Auf die Bedeutung von natürlichen Folgen und logischen Konsequenzen für die Erziehung weist immer wieder Rudolf Dreikurs hin.[26]

→Vorschlag 4: Rückmeldung

Wenn Sie den Eindruck haben, dass das Kind häufig die Hausaufgaben nicht verstanden hat oder sie wirklich nicht allein machen kann, sollten Sie unbedingt ein Gespräch mit dem Lehrer führen. Solche Hinweise können für Lehrer sehr wichtig sein, wichtiger, als dass das Kind mit vollständigen Hausaufgaben in die Schule geht, die zum großen Teil auf Ihren Arbeits- und Nerveneinsatz zurückzuführen sind. Bei der Gelegenheit können Sie auch miteinander vereinbaren, wie Sie mit Hausaufgaben-Problemen umgehen können.

lafuma
lafuma

Schullaufbahn:

Karriere – oder Entwicklung zur Reife

In Veröffentlichungen, die die Schule betreffen, ist hier und da die Rede von „Schullaufbahn" und „Schullaufbahn-Beratung". Zur Schullaufbahn gehört die Einschulung oder Zurückstellung, die Zeit im Schulkindergarten, der Besuch einer Förderklasse, die Versetzung oder der Rücktritt in eine niedrigere Klasse, das Überspringen einer Klasse, die Entscheidung für eine weiterführende Schule, Fächer- und Kurswahl bis hin zum Schulabschluss.

„Den Weg heutiger Jugendlicher durch die Bildungsinstitutionen kann man mit dem Zug der Lachse vergleichen. Wenn sie aus dem Meer (der Primarstufe) aufsteigen, haben sie ein vielarmiges Delta von Flüssen vor sich, die alle ein unterschiedliches Gefälle haben und dementsprechend dem Zug aufwärts einen unterschiedlichen Druck entgegensetzen. Die stärksten Exemplare durchschwimmen ohne große Mühe reißende Strömungen und Katarakte, ja sie überspringen gewandt alle Wehre, die man in das Flussbett hineingebaut hat. Andere quälen sich mühsam voran und sind eigentlich in den falschen

Flussarm eingeschleift, sei es, dass man sie falsch beraten hat, oder dass sie sich selbst überschätzten. Wieder andere zieht es zu ruhigen Stauseen, die sie mit leichtem Flossenschlag durchmessen.
In der Öffentlichkeit macht man sich falsche Vorstellungen, wie viele ihre Wanderung aufwärts irgendwo abbrechen und sich erschöpft stromab treiben lassen."[27]

Manchmal habe ich den Eindruck, dass Eltern schon vor Beginn der Schulzeit eine möglichst optimale Schullaufbahn für ihr Kind im Auge haben.

Manchmal habe ich den Eindruck, dass Eltern schon vor Beginn der Schulzeit eine möglichst optimale Schullaufbahn für ihr Kind im Auge haben. So, als ginge es von Anfang an um eine Art Karriere! Manche drängen die Erzieherinnen im Kindergarten schon, eine Art Vorschulprogramm zu machen, damit der Start im ersten Schuljahr möglichst gut klappt. Während der ersten Klasse wird dann mit anderen Kindern, anderen Klassen, anderen Schulen verglichen: Die sind schon weiter, die können schon mehr Buchstaben, die rechnen schon bis zwanzig! Im zweiten Schuljahr bemängeln Eltern, dass nicht schon „richtige" Diktate geschrieben werden, im dritten, wenn es zum ersten Mal Noten gibt, beginnt die Sorge um die Chancen für die

weiterführenden Schulen. Und um die Kinder auch in diese Richtung zu schieben und zu beeinflussen, gibt es Geld und Belohnungen für gute Noten; bei schlechten Leistungen gibt es Ärger, Strafpredigten, Fernsehverbot, Streichung von Freizeitaktivitäten und Hobbys, Üben, Nachhilfe. Gewiss, dahinter steckt der verständliche Wunsch, dass die Kinder später gute Berufschancen bekommen, dass ihnen alle Möglichkeiten offen stehen. Doch steht die Wunsch- und Zielvorstellung der Eltern und ihr Ehrgeiz oft höher als die Persönlichkeit des Kindes mit seinen Gaben und Grenzen. Viele machen sich nicht klar, was es für ein Kind bedeutet, Monat für Monat, Jahr für Jahr unter diesem Druck zu leben, gute Leistungen zu zeigen, gute Zeugnisse nach Hause bringen zu müssen.

Dazu kommt, dass manche Eltern sich schon früh Sorgen machen, wenn ihr Kind für bestimmte Phasen seiner Entwicklung, für bestimmte Reifeschritte mehr Zeit braucht als andere. Auch der Vergleich mit den Geschwistern, die irgendetwas besser machen, besser können, setzt dem Kind zu. Eigentlich hat jedes Kind einen natürlichen Lernwillen, eine natürliche Wissbegier, eine ihm eigene Anstrengungs- und Leistungsbereitschaft. Sehen Eltern diese als unzureichend an, dann versuchen sie, Einfluss darauf zu nehmen, die Entwicklung zu beschleunigen, die Fähigkeiten und Fertigkeiten zu trainieren. Natürlich kann so etwas bei großen Defiziten und Entwicklungsverzögerungen angebracht sein, allerdings nicht, ohne einen Fachmann (Kinderarzt, Therapeut usw.) zu Rate zu ziehen. Versucht man über Jahre, das Kind gleichsam vorwärts zu schieben und zu ziehen, erreicht man das Gegenteil: Das Kind ist entmutigt, unmotiviert, lustlos und versucht, Anstrengungen auszuweichen. Wer für seine Kinder eine „Karriere" im Blick hat, schadet ihnen mit großer Wahrscheinlichkeit. Es geht darum, dass das Kind nach seinem Maß, nach seinen Möglichkeiten, nach seiner Leistungs- und Belastungsfähigkeit gefördert wird, nicht nach den Vorstellungen der Erwachsenen.

Jedes Kind hat einen natürlichen Lernwillen, eine natürliche Wissbegier, eine ihm eigene Anstrengungs- und Leistungsbereitschaft.

Es geht darum, dass das Kind nach seinem Maß, nach seinen Möglichkeiten, nach seiner Leistungs- und Belastungsfähigkeit gefördert wird, nicht nach den Vorstellungen der Erwachsenen.

Kinder brauchen Freiraum und Zeit, um sich so zu entwickeln, wie es zu *ihrem* Wesen, zu ihrem Leben passt. Als Erwachsene dürfen wir ihnen dazu gewiss Hilfestellung und Förderung geben, auch kleine Anreize, aber mehr nicht. So wenig, wie man an einer Pflanze, an einem Getreidehalm ziehen darf, um sein Wachstum zu beschleunigen, so wenig dürfen wir Kindern unsere Vorstellung von Pflichterfüllung, Leistungsorientierung und Laufbahn aufdrücken. So wie die

Pflanzen Phasen des Wachstums und des scheinbaren Stillstandes haben, so ist es auch bei den Kindern. Das müssen wir ihnen zugestehen, weil es zur Reifung notwendig ist.

Also: Karriere – oder Entwicklung zur Reife? Das ist eine Frage, der sich Eltern ehrlich stellen sollten.
Ist es wirklich schlimm, wenn ein Kind in einigen Fächern keine guten Leistungen bringt? Sind wir selbst in allen Bereichen „top"?
Waren wir selbst in allen Fächern Koryphäen?
Ist es wirklich eine Katastrophe, wenn ein Kind eine Klasse wiederholen muss, weil es beim „ersten Durchgang" nicht das schaffen konnte, was erwartet wurde?
Ist es eine Schande, wenn unsere Kinder „das Gymnasium nicht schaffen", sondern eine andere Schulform besuchen, wenn sie kein Abitur machen, wenn sie nicht studieren?
Wollen wir unsere Kinder so prägen, dass sie zu einer Welt gehören, in der nur Hochleistung zählt?

So wie nicht alle Fische Lachse sind, so sind nicht alle Kinder für den Kampf stromaufwärts, für die Karriere, geeignet. Trotzdem können sie zu wertvollen, unverwechselbaren originellen Menschen heranreifen! Deshalb sollten wir von Anfang an auf ihre Individualität achten, ja, wir sollten die Kinder achten in ihrer Eigenart, in ihrer Besonderheit und ihnen Zeit lassen und Unterstützung darin geben, dass sie das werden können, was in ihnen liegt und zu ihnen passt.

Karriere – eine Laufbahn.
Karriere – eine Rennbahn.
Mein Kind – Teilnehmer eines Rennens,
eines Wettrennens, eines Wettkampfes.
Startschuss – Höchstleistung – Zielgerade.
Schnellster sein, erster sein, oberstes Treppchen!
Andere wegdrängen, stärker sein,
an sich selbst denken, konkurrieren lernen.
Du musst gut sein und besser werden.
Du kommst aus meinem Rennstall.
Ich will stolz sein auf dich.
Wie, du willst so nicht leben?
Wehe!

DUPONT François
CM1
ESSAIS
Petits
4 x 10
Fév. Mars Avril
02 03 04 05
juill. août sept.
07 08 09
nov. déc.
11 12
06 09 96
Creeks

Kinder:

Schulerfolg ist nicht alles

Wenn du ein Kind siehst,
begegnest du Gott
auf frischer Tat.

Martin Luther

Das Leben ist mehr als die Schule. Wie groß darf die Rolle sein, die die Schule in unserem Leben, im Leben unserer Kinder spielt?
„Natürlich hat man mit einem Hauptschulabschluss nicht so gute Berufsmöglichkeiten wie mit der Mittleren Reife, und mit dem Abitur eröffnet sich Ihren Zöglingen die Welt der Akademiker. Trotzdem muss die Schullaufbahn den Fähigkeiten und Interessen des Kindes angepasst sein und darf nicht von Zukunftsängsten oder ehrgeizigen Plänen der Eltern gesteuert werden.
Aber Sie haben ja einige Jahre Zeit, Ihr Kind zu beobachten und seine Fähigkeiten und Interessen realistisch einzuschätzen, vor allem, ob es mehr praktisch oder intellektuell begabt ist. Denn für einen Praktiker kann ein solider Realschulabschluss wesentlich förderlicher sein als ein qualvolles Abitur.
Die Heranbildung eines aufrechten Charakters und ein erfülltes Leben sind wichtiger als jede Karriere in unserer Gesellschaft. Besonders, wenn Sie sehen, dass ein Kind in der Schule große Probleme hat, müssen Sie sich sagen: Eine ausgeglichene, lebensbejahende Persön-

lichkeit ist wichtiger als ein gehobener Schulabschluss, der mit einer verkorksten Persönlichkeit bezahlt wird.“[28]

Dass Sie sich über Ihr Kind freuen, dass Sie es mögen und ihm Ihre Liebe und Anerkennung zeigen, darf nicht von den schulischen Leistungen abhängig sein!

Große und berühmte Persönlichkeiten haben oft eine erfolglose und schreckliche Schulzeit durchlebt.
Gerade dann, wenn das Kind in der Schule Schwierigkeiten hat, müssen wir verständnisvoll mit ihm umgehen und nicht noch zusätzlichen Ärger und Druck auf ihm abladen. Sicher muss man da differenzieren, denn jedes Kind ist anders.

Also: warum nicht für ein Kind, das mit sich selbst schnell unzufrieden ist und sich leicht unter Druck setzt, nicht mal folgende paradoxe Regelung treffen: Ab jetzt kriegst du mal für eine Eins 1 DM (eine gute Note ist ja Belohnung genug), für eine Zwei 2 DM usw., für eine Fünf also 5 DM. Als kleinen Trost für deinen Ärger und deine Enttäuschung.
Wir haben das bei einem unserer Kinder vorübergehend gemacht, und die humorvolle Botschaft kam an: Mach dich nicht fertig wegen schlechter Noten! Auch war es uns wichtig, immer wenn es Zeugnisse gegeben hatte, mit unseren Kindern in die Pizzeria zu gehen und den Anlass zu feiern: Egal, ob dein Zeugnis gut oder schlecht ausgefallen ist, du hast es mal wieder geschafft, hast das Halbjahr gut überstanden! Wenn wir merken, dass ein Kind durch seine schlechten Ergebnisse niedergedrückt ist, müssen wir vielleicht auch ein Gespräch unter vier Augen mit ihm führen, um es wieder aufzurichten.

Gespräch mit meinem Kind
„Ich sehe, du kommst in drei Fächern zurzeit nicht so gut klar, und deine Noten sind nicht gut. Ich merke, dass dich das bedrückt und dir Sorge macht. Mir macht es auch ein wenig Sorge. Aber wir wollen es auch nicht so wichtig nehmen. Was ist schon ein Schulfach? Was bedeutet schon eine Note? Soll ich dir mal in meinen alten Zeugnissen zeigen, wie viele Fünfen ich insgesamt hatte? Ich war leider in manchen Fächern ziemlich faul, und andere Dinge konnte ich beim besten Willen nicht begreifen. Aber ich hab's überlebt. Und du wirst das auch durchstehen. Kein Mensch ist in allen Dingen super. Ich

mag dich so, wie du bist, und für mich bist du nicht nur als gute Schülerin/guter Schüler wertvoll."

Es gibt im Leben auch abseits von Schule, Klausur und Zeugnis so viel zu lernen! Wichtig sind menschliche Beziehungen, wichtig sind Engagement, Phantasie, Kreativität, Verantwortung, Nächstenliebe. Wichtig sind Hobbys, Spiel, Freizeit, Urlaub. Wichtig ist, dass Kinder merken: Es gibt auch im Leben meiner Eltern mehr als Arbeit, Strebsamkeit, Erfolg und Geldverdienen. Das alles ist nicht Lebenssinn! Auch hier gilt das Jesus-Wort: „Was hilft es dem Menschen, wenn er die ganze Welt gewinnt, aber sich selbst verliert und Schaden nimmt?"[29]
Von Jesus wird in den Evangelien erzählt, dass er die übliche Sicht umkehrte. Kinder galten nichts, sie mussten erst einmal Erwachsene werden, um anerkannt zu werden. Die Erwachsenen waren der Maßstab. Jesus aber stellte ein Kind in ihre Mitte und forderte seine Zuhörer auf, wie Kinder zu werden, um Zugang zum Reich Gottes zu bekommen.[30] Ich halte das für eine sehr notwendige und heilsame Korrektur unseres Unten- und Oben-Denkens und unserer Maßstäbe.

Mein Kind, ich will daran denken:
Du bist du, und du bist einmalig.
Ich will dich achten in deiner Einzigartigkeit.
Ich will dich richtig verstehen lernen,
ich will dich begleiten und ermutigen.
Wenn du ein guter Schüler wirst,
will ich mich darüber freuen.
Wenn du ein schlechter Schüler wirst,
will ich dich dennoch wertschätzen
und will dir zeigen: Ich habe dich lieb!

Teil 3

Das Schulkind in der Familie

Christliche Erziehung? –

Erziehungsziele: Versuch einer Klärung

Erziehungsziele – ist das nicht etwas für Fachleute? Wie soll man wissen, welche Ziele erstrebenswert und wichtig sind? Lohnt es sich überhaupt, Ziele für die Erziehung zu setzen?
1913 schrieb Alexander Vömel über die christliche Kindererziehung: „Die Familie ist der eigentliche Herd der Erziehung. Alles andere kommt erst in zweiter Linie. Ja, die öffentliche und kirchliche Jugendpflege ist meist nur ein Ersatz für etwas, das im Elternhaus versäumt worden ist. Und sehr oft lässt sich das Versäumte überhaupt nicht mehr nachholen."
Dagegen meint die amerikanische Psychologin J. R. Harris, dass der Beitrag, den Eltern zu einer positiven Entwicklung ihrer Kinder leisten können, von völlig untergeordneter Bedeutung sei. Am meisten werde ein Mensch durch sein Erbgut, die Gene, geprägt. Danach folge – ein Vielfaches stärker als elterliche Hege und Pflege – die Schulklasse und Jugendclique, die einem Kind den Stempel aufdrückt, der später sein Wesen ausmacht. Zugespitzt formuliert die Autorin: „Eltern wirken nicht nennenswert auf die Persönlichkeit ihres Kindes ein."[31]

Deshalb stellt sich die Frage: Sollte man überhaupt Erziehungsziele haben? Und kann man die Ziele überhaupt erreichen?
Gibt es nicht genügend lebende Beispiele dafür, dass es nicht gelingt? Ist nicht deshalb das ganze Thema der Erziehung unserer Kinder schon zu sehr behaftet mit Skepsis, Enttäuschung, Ratlosigkeit und dem Gefühl der Vergeblichkeit?
Viele Eltern befinden sich schon irgendwo unterwegs auf dem Weg der Kindererziehung, ohne wirklich eigene Ziele zu haben. Stattdessen wird die Erziehung unbewusst geprägt und gesteuert durch Vorstellungen, Wünsche und Träume, die auf Grund eigener früherer Erfahrungen von zu Hause entstanden sind, eigene Stärken, eigene Defizite („Mein Kind soll es mal besser machen, mein Kind soll es mal besser haben …“).

Wenn Eltern diese Wünsche und Vorstellungen, die unbewusst in ihnen „umherspuken“, einmal auflisten würden, könnte leicht folgende Sammlung dabei herauskommen:

Mein Kind soll
höflich, eigenständig, kameradschaftlich, lieb,
sauber, selbstbewusst, brav, sparsam,
anständig, verantwortungsvoll, fleißig, kritisch,
gewitzt, fair, gehorsam, großzügig,
mutig, zurückhaltend, ruhig, kreativ,
tolerant, belastungsfähig, aufmerksam, ehrlich
gesittet, locker, wahrhaftig, gläubig,
sorgfältig, umweltbewusst, ordentlich, bescheiden,
hilfsbereit, fröhlich, unkompliziert, ernsthaft,
tierlieb, leistungsbereit, erfolgreich, christlich,
sportlich, spontan, unproblematisch, anpassungsfähig,
ungezwungen, humorvoll, gepflegt und geduldig
sein.

Statt Ziele zu verfolgen, besteht die Erziehung auch oft nur aus Reaktionen auf die Umwelt oder das Verhalten des Kindes und ist leider sehr häufig geprägt von Angst und Sorge, aber auch von Unverständnis den Kindern gegenüber.

Nein, es ist schon besser, sich über seine Erziehungsziele klar zu werden. Ein erster Schritt kann die Frage sein: Woher nehmen wir unsere Ziele?

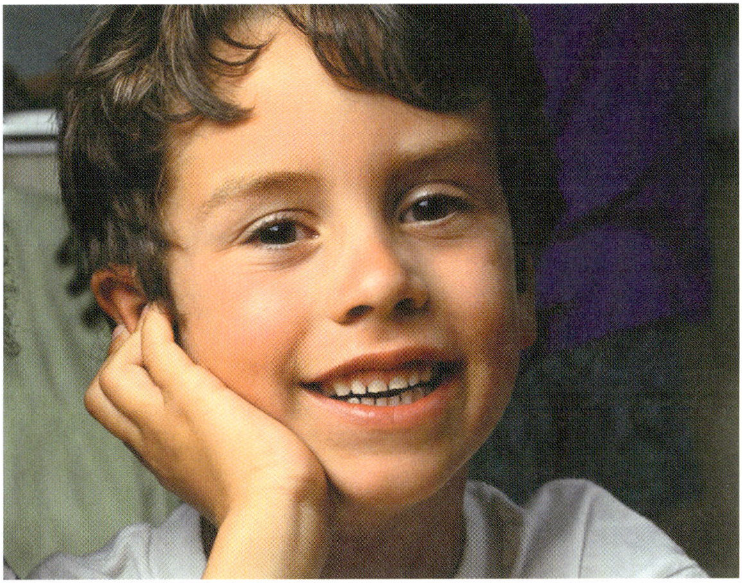

Unwillkürlich sehen wir auf unsere Umwelt, unsere Gesellschaft: Was ist gut? Was ist schlecht? Wie machen es andere? „In der gegenwärtigen Lage stehen die Eltern einem scheinbar hoffnungslosen Konflikt gegenüber. Einerseits werden sie von Zeitungsartikeln, von Richtern, von der Polizei und von Schulbehörden ermahnt, ihre Kinder in Zucht zu halten; andererseits sehen sie sich nicht in der Lage, mit dem rebellischen Verhalten der meisten Kinder mittels der Methoden, die sie aus der Vergangenheit gelernt haben, fertig zu werden. (…) Es wundert kaum, dass sich die Eltern heute so entmutigt fühlen, wenn Schmeicheln, Bestechen, Schelten, Beschneiden von Vergünstigungen und selbst Schläge nicht mehr den gewünschten Erfolg erzielen."[32] Der Versuch, sich an der Umwelt zu orientieren, führt zu großer Verunsicherung.

Ein anderer Orientierungspunkt ist für Christen die Bibel. Gibt sie Hilfe und Orientierung in Fragen der Erziehung? Wir sehen deutlich, dass die Aussagen der Bibel zu diesen Fragen in zwei Richtungen gehen:

a) Liebe und Erbarmen als Leitlinie der Erziehung, einer Erziehung, in der Furcht vor Strafe keinen Platz hat.[33]
b) Gehorsam, Zucht und „Rute" in einer strengen autoritären Erziehung.[34]

Die Verunsicherung wächst. Es stellt sich die Frage nach dem Bibelverständnis. Hier stellt sich aber auch die Frage nach dem Gottesbild: Gott – wie ist er, wie handelt er an uns?
Es ist wichtig, in diesen Fragen einen Standpunkt einzunehmen, eine Antwort zu wagen, die wir nicht so sehr mit Worten, sondern mit unserem Leben geben – und die dann Ausdruck findet in unserer Erziehung.

Die Frage bleibt: Was ist das Beste für unsere Kinder?
Immer wieder höre ich, dass Eltern den christlichen Glauben an ihre Kinder weitergeben wollen. Kann man das? Muss nicht der Glauben in jedem Menschen ganz neu entstehen? Wenn das Johannesevangelium von einer neuen Geburt spricht – „aus dem Geist geboren" –, so heißt das doch auch, dass die Gottesbeziehung nicht durch Erziehung vermittelbar ist. Es geht um einen Vertrauensakt des Menschen. Dieses Vertrauen muss in seinem Inneren wachsen und kann nicht von außen, durch andere Menschen, gesteuert werden.
Wir dürfen unsere Kinder nicht zu Christen erziehen wollen. Versuche, es doch zu tun, haben schon viel Schaden angerichtet. Immer kommt irgendwann der „christliche" Erziehungsdruck, und wie sollen so heranwachsende Menschen zur „Freiheit eines Christenmenschen" (Luther) gelangen?

Christen sollten für ihre Kinder zwei Anliegen haben.
Das erste ist, dass sie ***„stark werden am inneren Menschen"***.[35]
Das zweite ist, dass sie ***tüchtig werden, fähig und bewährt.***

Was bedeutet das?
Die im griechischen Neuen Testament verwandten Worte sind *dokimos* (bewährt), *hikanoein* (tüchtig machen), *hikanotäs* (Tüchtigkeit) und *hikanos* (genügend, bewährt).
Das mittelhochdeutsche Adjektiv *tühtic* gehörte zu dem Substantiv *„tuht"* (Tüchtigkeit, Tapferkeit, Stärke). Damit verwandt ist die Wortgruppe *taugen* (mhd. *tougen*), womit auch unser Wort *Tugend* verwandt ist.

Was können wir mehr tun für unsere Kinder, als dass sie tauglich sind für das Leben, lebenstüchtig, und innerlich stark?
Stark auch, um allen Einflüssen und Gefährdungen zu begegnen, um Gut und Böse zu unterscheiden, um Ja und Nein zu sagen, um Verantwortung zu übernehmen, um sich zu entscheiden.

Was fördert diese Ziele? Am Wichtigsten ist es,

❑ dass der seelische „Tank“ unserer Kinder gut gefüllt ist.
Er wird gefüllt durch Liebe, Annahme und Ermutigung.

❑ dass ihre Grundbedürfnisse gestillt sind:
Sinn und Hoffnung, Ordnung und Struktur, Kommunikation, Zugehörigkeit, Annahme und Wertschätzung.

❑ dass wir unsere Kinder unterstützen und ermutigen, um ihre Fähigkeiten und Fertigkeiten zu entwickeln,

❑ dass sie praktische Lebenstüchtigkeit, Verständnis und Durchblick lernen.

Ein Kind wächst.
„Du bist aber gewachsen!“
„Wie groß du geworden bist!“
Auch der innere Mensch wächst.
Ob er groß und stark wird,
liegt bei uns.
Wir stärken oder schwächen ihn.
Starke Kinder
*sind **innen** stark.*

Was Kindern gut tut:
Kinder brauchen Erfahrung

Was ist gut für unsere Kinder?
Was hilft ihnen, sich zurechtzufinden, Lebensmut zu bekommen, Anforderungen zu bewältigen und sich gesund und stabil zu entwickeln?
Die Gefahr ist, dass Eltern aus Angst um ihre Kinder oder aus Unkenntnis ihrer elementaren Bedürfnisse genau das Falsche tun: Kinder bleiben zu Hause, spielen mit teurem Spielzeug, konsumieren Fernsehprogramme und Videos, bedienen Computer und werden mit dem Auto zu Freizeitaktivitäten gefahren. So wachsen viele in einer äußerlich behüteten, aber anregungsarmen Umgebung auf, in der sie keine wirklichen Erfahrungen machen. Es ist aber unbedingt nötig, dass wir alles daransetzen, damit Kinder *eigene Erfahrungen* machen können.

Körpererfahrungen ermöglichen

Zunächst brauchen kleine Kinder viele Möglichkeiten zur Körpererfahrung. Sonst entstehen Lernstörungen, Lese-, Rechtschreib- und Rechenschwächen, Motorik- und Konzentrationsstörungen. Körpererfahrungen beginnen mit dem Krabbeln im Zimmer und Rollen auf dem Rasen, mit Toben und Klettern, Schaukeln, mit Spielen im Sand, Wühlen im Dreck und Matschen mit Wasser und Schlamm. Alles, wobei ein Kind sich selber spürt, etwas ausprobieren kann, eine eigene Erfahrung machen kann, fördert seine gesunde Entwicklung. Nicht so sehr im Kinderzimmer wird das Kind für sein Leben vorbereitet, sondern in einem Wohnzimmer, wo man auch mal balgen und kuscheln kann, in der Küche, wo man bei allem helfen und ganz viel selber machen darf: Gemüse schnibbeln, Teig kneten, Pizza belegen, backen, Zutaten kennen lernen, abschmecken, den Tisch decken. Ebenso in der Garage, im Schuppen, in der Werkstatt, wo man sägen, hämmern, schrauben, bohren, basteln, Dinge herstellen und reparieren kann.

Den Kindern tut Bewegung und frische Luft gut, und es schadet ihnen bestimmt nicht, wenn sie schwitzen, sich schmutzig und nass machen.[36]

Zur Eigenverantwortung ermutigen

Auch Missgeschicke gehören dazu. Pannen und Fehler sind wichtige Lernstationen, und wenn etwas kaputtgeht, sollte man lernen, es wegzuräumen, zu reparieren oder zu entsorgen, anstatt ausgeschimpft zu werden.

Eigenverantwortlicher Umgang mit Geld muss früh gelernt werden, Einkaufen und Preise vergleichen, sich sein Geld einteilen, für etwas sparen – all das lernt man nicht, wenn die Eltern ein Kind finanziell „kurz“ halten oder es durch reichliches Kaufen und Geldausgeben dumm und abhängig halten.

Sich orientieren lernen

Die Umgebung erforschen, Wege selber finden, sich orientieren lernen – all das ist wichtig für ein Kind und kann später kaum nachgeholt werden. Man muss einem Kind die Welt erklären, ihre Möglichkeiten und Gefahren – dafür sollten Erwachsene wirklich Zeit investieren –, und es muss lernen, selbst zurechtzukommen. Man muss ein Kind begleiten, ihm helfen, mit ihm sprechen, es trösten, aber vor allem immer wieder unterstützen und ermutigen, etwas zu wagen und selbst zu tun:

Du schaffst das! Du kannst das! Du lernst das schon!
Kinder müssen Speicher und Keller erforschen dürfen, sie müssen im Wald oder am Bach spielen dürfen, und uns Erwachsenen würde es auch nicht schaden, dabei zu sein, wenn wir die Kinder nicht allein lassen wollen.
Kinder brauchen das Zusammensein mit alten Menschen, z. B. mit Großeltern. Diese Erfahrung ist unersetzlich. Kinder müssen lernen, Verantwortung zu übernehmen – für sich, für andere, für Tiere –, und sie müssen erleben, dass ihr Handeln Folgen hat – damit sind nicht Strafen gemeint. Belohnen und Strafen hilft Kindern nicht weiter.

Liebe geben

Vor allem aber müssen wir alles daransetzen, damit der seelische „Tank“ der Kinder gefüllt wird. Das geschieht durch Spielen, Lachen und Schmusen, durch Lob und Anerkennung, durch geduldige Liebe und echtes Vertrauen. Verwöhnen und Behüten auf der einen Seite,

Drohen, Angst machen, Schimpfen und Strafen auf der anderen Seite werden ein Kind lebensuntüchtig machen.
In einem Kind steckt so viel Kraft, so viel Lebendigkeit, so viel Weisheit! Deshalb brauchen Kinder Erwachsene als große Freunde, die sie an die Hand nehmen und sie ins volle Leben hineinführen. Sie sollten nicht einfach sich selbst überlassen, auf die Straße geschickt oder vor den Fernseher gesetzt werden. Nein, man muss sich schon wirklich um sie kümmern.
Sie sollen doch sich selbst und die Welt verstehen, mit sich selbst und der Welt richtig umgehen lernen!
Besser als teure Geschenke zu Weihnachten und zum Geburtstag ist es, wenn man sich überlegt, wie viel Zeit man seinem Kind schenken kann, wie viel Verständnis – und wo man ihm Erfahrungen ermöglichen kann.

Leben ist mehr als Hetzen und Jagen,
Leben ist mehr als nur Theorie.
Leben ist mehr als Zweifeln und Fragen,
Leben ist hier, jetzt oder nie.

Leben ist Träumen, Lachen und Weinen,
Leben ist Zärtlichkeit und Gefühl.
Leben ist Lust und Leben ist Liebe,
Zeit für Musik und Zeit für ein Spiel.

Rolf Zuckowski[17]

Im Spielen lernen die Kinder so vieles, was sie hinterher brauchen. Sie merken dabei kaum, dass sie lernen, denn Lust und Spaß stehen im Vordergrund. Spielen ist keine Zeitverschwendung, sondern sinnvollste Investition für Kinder, die im Leben klar kommen sollen. In unterschiedlichen Lebensphasen nimmt das Baby, das Kleinkind durch verschiedene Bewegungsanreize die verschiedenen Bereiche seines Gehirns „in Betrieb“.
Das ist überaus wichtig für das spätere Lernen, für die Schulfähigkeit. Nachfolgend gebe ich Ihnen Anregungen für Spiele und Übungen[38], die Sie zu Hause mit Ihren Kindern machen können, um eventuelle Entwicklungsverzögerungen aufzuholen und ein Fundament für das Lernen zu legen:

Spiele und Übungen für Kinder und Eltern

Regel 1: Nur üben und spielen, was Spaß macht – und solange es Spaß macht!

Regel 2: Oft mit dem Kind spielen, als Erwachsener die Spiele selbst mitmachen!

- ❑ Hängematte, die nur an einem Punkt aufgehängt wird, leichtes Schaukeln
- ❑ Teller-Schaukel zum Schaukeln und Drehen
- ❑ Mit beiden Händen gleichzeitig greifen (in Haushalt, Küche, Werkstatt, Garten), z.B. Tablett, Kanne, Besen, Pinsel usw.
- ❑ Mit beiden Händen zusammen spuren, z.B. mit einer Taschenlampe im Dunkeln, mit Kreide an einer Malwand, mit einem Stöckchen auf der Erde
- ❑ Mit beiden Händen rühren, z.B. mit großem Kochlöffel
- ❑ Beidbeiniges Hüpfen: Frosch, Känguru, Hase
- ❑ Xylophon-Spielen mit zwei Schlägeln, abwechselnd links – rechts
- ❑ Hin- und Herrollen eines Balles, linke Hand, rechte Hand
- ❑ Hin- und Herschieben eines Autos mit beiden Händen abwechselnd, z.B. auf vorgezeichnetem Muster
- ❑ Im Sand oder Schnee: überkreuzten Fußstapfen nachgehen
- ❑ Labyrinth mit Kordel legen oder auf den Boden malen, durch das Labyrinth gehen
- ❑ Mit Spielzeugauto liegende Acht fahren, liegende Acht in Boden ritzen oder in Holzplatte schnitzen und Kugel durchrollen
- ❑ Mit beiden Händen/Füßen gleichzeitig:
  Fliegen wie ein Adler; mit beiden Händen gleichzeitig malen (Kreide, Wachsblöcke); Lichtspuren mit zwei kleinen Lampen zeichnen; Flaggen schwingen; Hampelmann- und Schmetterlingsbewegungen machen
- ❑ Fahren mit Dreirad, Fahrrad, Rollschuhen, Inlinern, mit Stelzen gehen, dafür selbst Wege mit Überkreuzungen vorzeichnen
- ❑ Mit einer Hand arbeiten, mit der anderen festhalten: fädeln, nähen, nageln, schneiden (z.B. Gemüse), stecken usw. als Spiele oder als echte Mithilfe in Haushalt, Garten und Werkstatt

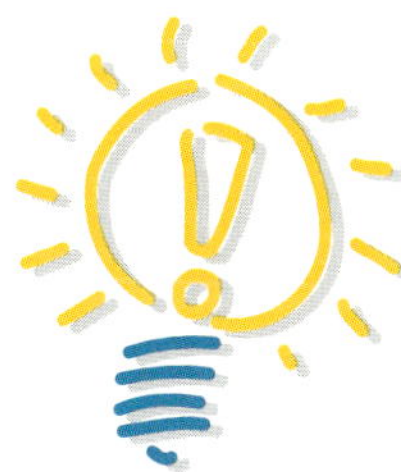

Leben auf Knopfdruck:

Neue Medien –

Freunde unserer Kinder?

Vor etwa 20 Jahren luden mich Kindergärten und Schulen häufig zu Elternabenden ein, um mit den Eltern über den rechten Gebrauch des Fernsehens zu sprechen. Damals gab es drei Fernsehprogramme. Nun gibt es über Kabel oder Schüssel wer weiß wie viele, die man durchzappen kann, dazu Videos – selbst aufgenommene oder ausgeliehene. Musik hören wir im Dolby-Surround-Raumklang. Als Spielzeug dienen Gameboys, Spiel-Computer und Computer-Spiele. Außerdem kommen „für die Ohren" Kassettenrekorder, Walkman oder Discman dazu. Wer einen Internet-Anschluss hat, für den öffnet sich zusätzlich eine ganze Welt. Und die Entwicklung geht weiter.

Das Problem ist nur: Für alles muss der eine Geldbeutel reichen, der eine 24-Stunden-Tag, und unsere körperliche Ausstattung mit nur zwei Augen, zwei Ohren und nur einer Seele! Also müssen wir uns schon irgendwie beschränken, müssen irgendwie Entscheidungen treffen, können nicht alles gleichzeitig in uns aufnehmen. Die Beschallungs- und Berieselungs-Mentalität nimmt zu. Damit wachsen unsere Kinder auf. Für sie stellt sich längst nicht mehr die Frage: Neue Medien – ja oder nein? Ihre Welt ist durchdrungen von Klängen, Bildern und Informationen, die permanent und überall an sie herangetragen werden oder die sie sich selber herbeiklicken. Kinder davon abzuschotten ist unmöglich. Aber da Medien im Wortsinn *Vermittler* bedeutet, hilft vielleicht die Frage weiter, was sie eigentlich vermitteln wollen. Da lohnt es sich schon, genau hinzusehen und hinzuhören. Zwar will jedes Fernsehprogramm, jede Sendung, jeder Film, jede CD, jedes Computerprogramm sicher etwas anderes vermitteln, aber sie haben auch alle einige Dinge gemeinsam:

Sie *vermitteln* eine ***Knopfdruck-Lebenshaltung.*** Langeweile, schlechte Laune, Schwierigkeiten, Gereiztheit oder gar Stille muss man nicht aushalten, sondern kann sie einfach per Knopfdruck umschalten, wegzappen. Diese Lebenseinstellung funktioniert natürlich nur bei guter Stromversorgung, aber darauf bauen wir. „Knopfdruck-Kinder" können nicht gut durchhalten, dranbleiben, aushalten, nachdenken, sich konzentrieren. Sie schalten dauernd um, und wenn das nicht geht – das merken wir in der Schule –, schalten sie ab. Die Botschaft „verschönere dein Leben per Knopfdruck", von allen Medien vermittelt, geht schnell in Fleisch und Blut über.
Eine weitere Botschaft heißt: ***„Öffne dich! Nimm auf!"*** Es gibt so viele Filme, Klänge, Reize, Techniken, Informationen – die darf man doch nicht verpassen! Dann wäre man ja ganz arm. Werde ein Rezeptor – ein Aufnehmer! Dieses Wort benutzen wir auch für ein saugfähiges Putztuch. Werte, Charakter, Gewissen und Verantwortung – kann man die nebenbei „aufnehmen"? Egal, Hauptsache saugfähig!
Ich beobachte noch etwas, das die Medien vermitteln: ***„Die Scheinwelt ist die eigentliche Welt!"*** Unser Alltagsleben ist nur zweite Wahl. In einer Talkshow live dabei zu sein, einem Fernsehstar „in echt" zu begegnen, im Fernsehen einen Partner zu finden, seine Ängste zu überwinden, seine Hochzeit zu feiern, im Fernsehen über irgendwelche Themen zu reden – das ist erste Wahl! Dafür tut man sehr viel und lässt viel mit sich machen. Stell dir vor, dein Nachbar „kommt im Fernsehen"! Das ist doch wie eine höhere Weihe. Musik auf CD ist besser als selbst zu singen. Musizieren kann man nur mit einer „Anlage". Die Wesen in Computerspielen

leben schneller und aufregender als wir selbst, aber wir dürfen sie steuern – und kommen mit ihnen auf einen „höheren Level“. Armes Erdenleben, was hast du schon zu bieten! Tiefe Sorge erfasste die Schüler meiner dritten Klasse vor einiger Zeit, als sie begriffen, dass sie beim Schullandheim-Aufenthalt tagelang auf dieses Medien-Leben verzichten mussten! Aber es war so, wie ich es ihnen vorhergesagt hatte: Während dieser Tage vergaßen sie völlig, dass es Medien gibt – und *lebten* einfach!

Damit Medien, wenn wir sie schon nicht ganz abschalten und abschaffen können, unseren Kindern gut tun und nicht schaden, können wir ihnen helfen, indem wir …

➜ … selbst unsere süchtige Konsumentenhaltung, unser ***Berieselungsbedürfnis kritisch sehen*** und selbst verzichten. Nicht immer alles, sondern Weniges bewusst! Unsere Haltung beeindruckt und beeinflusst unsere Kinder.

➜ ***... bewusst auswählen.*** Am besten in Absprache mit den anderen Familienmitgliedern, z.B. im Familienrat. Nicht „Knöpfchen drücken, mal sehen, was kommt", sondern in der Fernsehzeitschrift ankreuzen und in den Tagesablauf einplanen.

➜ ***... auf das Ausschalten achten.*** Computerspiele ja, aber erst klären, wie lange! Fernsehen ja, aber nicht mehrere Beiträge hintereinander! Ohne diese feste Regel wird Medienerziehung fast unmöglich. Also ausschalten und dann etwas anderes machen!

➜ ***... gemeinsam sehen*** und hören und ***darüber reden.*** Kinder nicht einsam glotzen lassen! Tagsüber vielleicht mal verzichten, dafür abends „Familienkino"! Davon erzählen, darüber reden – das hilft Kindern bei der Verarbeitung des großen Kuddelmuddels und der vielen Eindrücke in ihrer Seele.

➜ ***... gemeinsam spielen,*** unser Wohnzimmer als Spielzimmer ansehen statt als Fernsehzimmer. Kleine Kinder, aber auch Heranwachsende lassen für gemeinsame Spiele gerne mal den Fernseher aus. Es gibt so viele tolle Spiele! Oder ist uns das lästig? Wollen wir lieber unseren Interessen nachgehen, während die Kinder elektronisch versorgt sind? (siehe Anhang „Spielen")

➜ ***… gemeinsam etwas unternehmen.*** Jeder darf (reihum) etwas wünschen oder vorschlagen oder selbst für die anderen vorbereiten. (Was brauchen wir? Wohin fahren wir? Was kostet das? Wann ist geöffnet?) Aktivitäten müssen aber nicht nur Ausflüge sein. Zu Hause etwas bauen oder basteln, Spiele auf dem Rasen, gemeinsam etwas reparieren, gemeinsam kochen – auf das Gemeinsame kommt es an. Und dass man's „in echt" tut, und nicht per Medium tun lässt.

➜ ***… gute Lernsoftware kaufen***. Es gibt bei den Schulbuchverlagen und anderen Anbietern ausgezeichnete Lernprogramme, meist auf CD-Rom, mit denen man großartig üben kann. Fragen Sie in der Schule nach, was dafür in Frage kommt. Wenn das Kind „herausgewachsen" ist, kann man die Programme weiterverschenken oder -verkaufen – oder sie der Schule zur Verfügung stellen.
(siehe Anhang „Lernsoftware")

➜ ***… Internet.*** Hier gibt es nicht nur Unsinniges und Gefährliches, sondern auch neue Möglichkeiten, etwas zu lernen, sich zu unterhalten, neue Welten zu erobern. (siehe Anhang „Internet")

Zwar können die neuen Medien nicht die Freunde unserer Kinder sein, wir müssen sie aber auch nicht als ihre Feinde ansehen, wenn wir die Kinder mit Verstand und Gefühl begleiten und sie nicht sich selbst überlassen. Und das ist keine Frage an die Medien, sondern an uns.

Literaturhinweise und Adressen

Angaben nach bestem Wissen – ohne Gewähr

Familie	Zeitschrift „FAMILY" Das christliche Magazin für Partnerschaft und Familie Bundes-Verlag Witten, erscheint viermal im Jahr
Erziehung	Dreikurs Rudolf / Soltz Vicki: Kinder fordern uns heraus Klett-Cotta, Stuttgart 1999[5] Dreikurs Rudolf / Grey Loren: Kinder lernen aus den Folgen Herder, Freiburg 1991 Thomas Gordon: Familienkonferenz Hoffmann & Campe, Hamburg 1972ff
Schule	Richtlinien und Lehrpläne kann man in der Schule ausleihen. NRW: Ministerium für Schule und Weiterbildung (MSWWF) Völklinger Straße 49, 40221 Düsseldorf fon 02 21 / 8 96 03; fax 02 21 / 8 96 31 20 eMail: Poststelle@mswwf.nrw.de http://www.mswwf.nrw.de
Schulentwicklung	Schriftenreihe „Materialien Schulentwicklung"; s.o. MSWWF Landesinstitut für Schule und Weiterbildung Paradieser Weg 64, 59494 Soest fon 0 29 21/6 83; fax 0 29 21 / 68 32 28 http://forum-schule.de
Mitwirkung	Bundeselternrat Görrestr. 13, 53113 Bonn fon 02 28 / 26 99-314 /-414; fax 02 28 / 26 99-424 eMail: Bundeselternrat@gmx.de Aktion Human Schule e.V. Bundesverband Merheimer Str. 484, 50735 Köln fon 02 21 / 97 43 297; fax 02 21 / 97 43 298
Lernen	Peter Fenske: „Das kleine Buch vom Lernen" (6,- DM) AOL Verlag; Waldstraße 18, 77839 Lichtenau eMail: info@aol-verlag.de; http://www.aol-verlag.de
Lernsoftware	coTec Computergestütztes Lernen Traberhofstraße 12, 83026 Rosenheim fon 0 80 31 / 26 35-0; fax 0 80 31 / 26 35-29 eMail: info@cotec.de; http://www.cotec.de
Internet	NRW-Bildungsserver learn.line http://www.learn-line.nrw.de Netzwerk für Bildung http://www.e-nitiative.nrw.de Filterprogramme zum Schutz für Kinder: Cyber Patrol: http://www.cyberpatrol.com CyberSitter: http://www.solidoak.com Netnanny: http://www.netnanny.com
Linkshänder	Johanna Barbara Sattler: „Das linkshändige Kind in der Grundschule" und andere Veröffentlichungen der Autorin, alle erschienen im Auer Verlag, Donauwörth

Hochbegabung

Deutsche Gesellschaft für das hochbegabte Kind e.V.
Sondershauser Straße 80; 12249 Berlin
fon: 0 30 / 7 11 77 18
und Regionalverbände
Pfarrer-Maybaum-Weg 79, 51061 Köln
fon: 02 21 / 6 36 68 40; fax: 0 40 / 36 03 10 81 77
eMail: vorstand@dghk.de; http://www.dghk.de

Hochbegabtenstiftung der Kreissparkasse Köln
Neumarkt 18–24, 50667 Köln
fon: 02 21 / 227-26 75; 227-29 38; fax: 02 21 / 227-37 50

Broschüre (kostenlos) des Bundesministeriums für Bildung und Forschung: „Begabte Kinder finden und fördern", Ratgeber für Eltern und Lehrer
Bundesministerium für Bildung, Wissenschaft und Forschung
Heinemannstr. 2, 53175 Bonn-Bad Godesberg
fon: 02 28 / 57-0; fax: 02 28 / 57-36 01
Hannoversche Str. 30, 10115 Berlin
fon: 030 / 285 40-0; fax 0 30 / 285 40-52 70
eMail: information@bmbf.bund.de

Rechenschwäche/Dyskalkulie

W. Hoffmann und A.v. Schwerin „Mein Kind ist rechenschwach" zu beziehen bei den Lerntherapeutischen Zentren in
Münsterstraße 40–44, 44145 Dortmund
fon: 02 31 / 8 39 00 49; fax: 02 31 / 8 39 02 49
Brienner Str. 48, 80333 München
fon: 0 89 / 5 23 31 42; fax 0 89 / 5 23 42 83
Hansaring 82, 50670 Köln
fon: 02 21 / 9 12 34 50; fax 02 21 / 9 12 34 52

Lese-/Rechtschreibschwäche/Legasthenie

Landesverband Legasthenie NRW im Bundesverband Legasthenie e.V.
Tulpenweg 26, 41564 Kaarst
fon/fax 0 21 31 / 6 39 93

Nicole Ramacher-Faasen: „Elternratgeber LRS"
Dieck-Verlag Heinsberg, direkt zu beziehen bei:
Buchandlung E. Dieck, Richard-Wagner-Str.1, 52525 Heinsberg
fon 0 24 52/60 41; fax 0 24 52 / 6 65 94

Lernbehinderung

LERNEN FÖRDERN – Bundesverband zur Förderung Lernbehinderter
Rolandstraße 61, 50677 Köln
fon 02 21 / 38 06 66; fax 02 21 / 38 59 54
eMail: lernenfoerdernbv@netcologne.de, Verband
http://www.lernen-foerdern.de

Psychomotorik

Aktionskreis Psychomotorik e.V.
Kleiner Schratweg 32, 32657 Lemgo
fon: 0 52 61 / 97 09 70; fax 0 52 61 / 97 09 72
eMail: akp@psychomotorik.com, eingetragener Verein
http://www.psychomotorik.com

Spielen

Kölner Spielecircus
Wissmannstraße 38, 50823 Köln
fon: 02 21 / 510 31 36

Hense, Josef; Kötter Heiner; Tark, Ulrike: „Circusspiele"
Maternus, Köln 1996[2]

Spielen

Irene Flemming: „Spiele für Zwischendurch"
für Familie, Kindergarten und Schule
Matthias Grünewald Verlag, Mainz

Gisela Dürr und Martin Stiefenhofen: „Schöne alte Kinderspiele"
Weltbild, Augsburg 1999[7]

Gesundheit und Bewegung

Gemeindeunfallversicherungsverband Westfalen-Lippe
Münster; Tel. 02 51 / 21 02-0
Rheinischer Gemeindeunfallversicherungsverband
Düsseldorf; Tel. 02 11 / 28 08-0
Bundesverband der Unfallkassen
München; Tel. 0 89 / 6 22 72-0

Sexueller Missbrauch

Zartbitter e.V.
Sachsenring 2–4, 50677 Köln
fon: 02 21 / 31 20 55; fax: 02 21 / 9 32 03 97

Sabine Kellner: „Wie schütze ich mein Kind vor sexuellem Missbrauch?"
Gütersloher Verlagshaus 1999

Sensorische Integrationsförderung bei Lern- und Wahrnehmungsstörungen

Roswitha Defersdorf:
„Drück mich mal ganz fest" (Wahrnehmungsstörungen)
„Ach, so geht das!" (Lernstörungen)
Herder Freiburg 1991 und 1993

A.D.S. – Hyperaktivität

ADS e.V. Elterninitiative zur Förderung von Kindern mit Aufmerksamkeitsdefizitsyndrom
Postfach 1165, 73055 Ebersbach
eMail: 09 19 13 48 74@z.zgs.de
http://www.S-line.de/homepages/ads

Bundesverband Aufmerksamkeitsstörung/Hyperaktivität e.V.
Postfach 60, 91292 Forchheim
fon/fax: 0 91 91 / 3 48 74
eMail: BV-AH@t-online.de

E. Aust-Claus, P.-M. Hammer „Das A.D.S.-Buch"
(sehr empfehlenswert für Eltern, Lehrer, Therapeuten)
Verlag Oberstebrink, Ploennisstr. 3, 40885 Ratingen-Lintorf
OptiMind-Institut, Postfach 4544, 65035 Wiesbaden
eMail: aust-claus@opti-mind.de; P.P.Hammer@t-online.de
http://www.opti-mind.de

1 Denkschrift der Kommission „Zukunft der Bildung – Schule der Zukunft“ beim Ministerpräsidenten des Landes Nordrhein-Westfalen, Luchterhand Neuwied 1995, S. 61

2 Landesinstitut für Schule und Weiterbildung (Hg.): Gestaltung des Schullebens und Öffnung von Schule – ein Beitrag zur Qualitätsverbesserung von Schule? Soest 1988

3 Peter Struck: Neue Lehrer braucht das Land, Darmstadt 1994, S. 16

4 James Herndon: Die Schule überleben, Stuttgart 1972, S. 149

5 Hans-Bernhard Kaufmann: Pädagogik unterwegs zur Normalität, Neukirchen-Vluyn 1996, S. 128

6 Uri Bronfenbrenner, zitiert nach Kaufmann, Pädagogik unterwegs, S. 151

7 Gisela Lindemann in „Forum E“, Zeitschrift des Verbandes Bildung und Erziehung, März 2000, S. 2

8 „Leben im Wildall“ ist das Motto des Radiosenders SWR 3

9 Hartmut von Hentig: Der glimmende Docht, in: Neue Sammlung 27. Jg. (1987), Heft 4, S. 476

10 Wie man lernt, in der Erziehung Schimpfen und Drohen zu vermeiden, beschreibt Rudolf Dreikurs in seinen Büchern, siehe Anhang „Erziehung“.

11 siehe im Kapitel „Kinder brauchen Erfahrungen“ die „Spiele und Übungen für Kinder und Eltern“

12 Wenn man merkt, dass Kinder in diesen Bereichen Probleme haben, sollte man sich beraten lassen. Das Kapitel über Lernstörungen und Verhaltensauffälligkeiten gibt dazu Anregungen.

13 siehe R. Dreikurs „Kinder fordern uns heraus“ und „Kinder lernen aus den Folgen“

14 Hinweis: Familienrat siehe Anhang „Erziehung“

15 siehe Kapitel „Was ist gut für unsere Kinder“

16 Siehe Kapitel „Neue Medien – Freunde unserer Kinder?“

17 Reinhold Miller: Sich in der Schule wohlfühlen, Weinheim Basel 1992, S. 21

18 Gisela Esser „Schulprobleme“ in „Schule heute“ 2, 40. Jg. 2000, S. 11

19 Peter Struck: Neue Lehrer braucht das Land, Darmstadt 1994, S. 4

20 FORUM E, Zeitschrift des Verbandes Bildung und Erziehung, 53. Jg. – Heft 1 – Januar 2000, S. 13

21 FORUM E, März 2000, S. 3

22 Gerhard Bayer in: Pluspunkt, Rheinischer Gemeinde-Unfallversicherungsverband, Heft 1/2000 S. 4

23 Forum E – 3. März 2000, Seite 3, zitiert nach dpa

24 Siehe Kapitel „Lernstörungen und Verhaltensauffälligkeiten“

25 Claudia und Eberhard Mühlan: Das große Familienhandbuch, Asslar 1996

26 Rudolf Dreikurs „Kinder fordern uns heraus“ und „Kinder lernen aus den Folgen“, siehe Anhang

27 Gerhard Fels: Der verwaltete Schüler, München 1994, S. 14

28 Claudia & Eberhard Mühlan, Das große Familienhandbuch, Asslar 1996, S. 192

29 Matthäus 16, 26

30 Matthäus 18,1-4

31 nach Marcus Mockler: „Ist Erziehung überflüssig“, in Idea Spectrum 48/1998, S. 16

32 Rudolf Dreikurs / Loren Grey: Kinder lernen aus den Folgen, Freiburg 1996, S. 13

33 Sehr gut drücken dies die Aussagen in 1. Johannes 4,18 und Römer 8,15 aus.

34 Besonders krass in den Sprüchen Salomos: Sprüche 12,1; 13,1.24; 19,8 usw.

35 Epheser 3,16

36 siehe auch Anhang „Spielen“ und „Psychomotorik“

37 Rolfs Kinderliederbuch Band 2, Hamburg 1989

38 siehe auch Anhang „Psychomotorik“ und „Sensorische Integrationsförderung“

Barbara und Wilhelm Faix

Für frohe Wochen und ein großes Fest

Keinem Fest fiebern Kinder so entgegen wie Weihnachten. Hier finden Sie viele Ideen und praktische Anregungen, damit alle in Ihrer Familie den Sinn und den besonderen Glanz dieser Zeit erleben. Mit einem originellen Weihnachtsgeschenk-Spiel.

96 Seiten, Paperback, Bestell-Nr. 627 451

Claudia Filker

Mit Kindern über Gott sprechen

Wenn Kinder fragen, geraten Eltern schon mal ins Schwimmen. Dieses Buch zeigt Ihnen, wie Glaubensinhalte im Familienalltag einfach und kindgerecht vermittelt werden können. Mit vielen praktischen Ideen, Liedern und Gebeten.

96 Seiten, Paperback, Bestell-Nr. 627 450

Annemarie Pfeifer

Erziehung ohne Sieger und Besiegte

Erziehung ist kein Kinderspiel. Wo sind die Grenzen? Wie geht man mit Konflikten um? In der Art eines kleinen Seminars leitet das Buch Sie praxisnah dazu an, einen liebevollen und konsequenten Weg für die Erziehung der Kinder zu finden.

96 Seiten, Paperback, Bestell-Nr. 627 452

ONCKEN VERLAG WUPPERTAL UND KASSEL